DISCOURS
DE LA
MÉTHODE

DISCOURS DE LA MÉTHODE

POUR BIEN CONDUIRE SA RAISON ET CHERCHER LA VÉRITÉ DANS LES SCIENCES

DESCARTES

Texte et appareil
pédagogique
Diane Brière

9001, boul. Louis-H.-La Fontaine, Anjou (Québec) Canada H1J 2C5
Téléphone : 514-351-6010 • Télécopieur : 514-351-3534

Direction de l'édition
Alexandre Stefanescu

Direction de la production
Lucie Plante-Audy

Charge de projet
Monique Labrosse

Révision linguistique
Ginette Gratton

Correction d'épreuves
Audette Simard

Conception et réalisation graphique
Madeleine Eykel

Page couverture
Interscript

Sources iconographiques
Page couverture, *René Descartes* par
Frans Hals (1649), Musée du Louvre, Paris,
© Roger-Viollet / Topfoto / PonoPresse.
P. XI, 1, 4, 13, 24, 57, 65, 93, 132,
© Collection Viollet / PonoPresse.
P. 9, 72, 101, © ND-Viollet / PonoPresse.
P. 15, © Boyer-Viollet / PonoPresse.
P. 37, © Roger-Viollet / PonoPresse.
P. 98, © LL-Viollet / PonoPresse.

Discours de la méthode

© 1996, Les Éditions CEC inc.
9001, boul. Louis-H.-La Fontaine
Anjou (Québec) H1J 2C5

Dépôt légal : 1996
Bibliothèque et Archives nationales du Québec
Bibliothèque et Archives Canada

ISBN 2-7617-1314-1
ISBN 978-2-7617-1314-6

Imprimé au Canada
7 8 9 10 11   16 15 14 13 12

AVANT-PROPOS

On ne compte plus les éditions du *Discours de la méthode*. Elles sont nombreuses, souvent savantes. Pourquoi a-t-on publié une autre édition? Parce qu'il nous semblait essentiel de produire un Descartes accessible aux étudiantes et aux étudiants de niveau collégial. En effet, l'apport de ce philosophe est incontestable, que ce soit dans un cours de philosophie et de rationalité, où l'on traite de sa méthode philosophique, ou dans un cours sur les conceptions de l'être humain, parce que sa pensée sur ce sujet inaugure la modernité. Pour rendre le *Discours de la méthode* accessible à tous, nous avons cherché à produire l'appareillage de notes le plus simple et le plus éclairant possible.

Les exercices ont été développés pour atteindre les objectifs des deux cours. Les questions qui portent sur chacun des paragraphes ont pour but d'inciter les étudiantes et les étudiants à faire une lecture de type analytique ; les questions d'ensemble favorisent le développement d'une pensée synthétique et la production de réponses structurées à l'intérieur de développements plus longs.

Nous avons donné de brèves définitions de certains mots en marge pour faciliter la lecture. À la fin du volume, un glossaire définit les concepts centraux du *Discours*. Aussi souvent que possible, et dans la mesure où cela peut éclairer les étudiantes et les étudiants, nous avons privilégié les définitions que donnait déjà Descartes de ces concepts. Les mots définis dans le glossaire sont suivis d'un astérisque (*) dans le texte. Dans le glossaire lui-même, les nombres entre parenthèses indiquent les numéros des paragraphes où ces mots sont utilisés.

Plusieurs textes de Descartes ou des auteurs qui l'ont influencé, ainsi que quelques commentaires d'écrivains contemporains, ont été rassemblés à la fin du volume dans les Morceaux choisis. Ces textes permettent d'effectuer des comparaisons ou éclairent d'une façon particulière certains passages. On trouvera aussi une chronologie mettant l'accent sur la vie de Descartes, et présentant les principaux événements historiques et artistiques qui permettent de bien situer l'homme et son œuvre.

Nous avons consulté notamment les manuels d'Étienne Gilson et d'André Bridoux pour établir le texte. En effet, il nous est apparu que les difficultés exprimées par les étudiantes et les étudiants face au texte de Descartes, si elles tenaient parfois à des usages vieillis ou aux tournures de phrase, étaient pour une large part liées à une question de ponctuation. Nous avons donc cherché à retrouver des phrases fluides et compréhensibles rendant bien compte de la pensée de l'auteur. Quelques-unes des notes de Gilson ont été éclairantes. Nous avons retenu celles qui décrivent le fonctionnement du cœur, en cinquième partie.

Enfin, saisir que la conduite de la raison et la conduite de la vie sont intimement liées chez Descartes, la première éclairant et balisant la seconde, nous rend le philosophe plus proche. N'a-t-il pas tenté de tracer la voie d'une plus grande rigueur dans tous les domaines de la vie, ce dont manque encore étrangement notre monde?

REMERCIEMENTS

Je désire remercier André Carrier et Marie-Germaine Guiomar, pour la pertinence de leurs commentaires; Alexandre Stefanescu et Monique Labrosse, pour leur compétence et leur soutien; Ginette Gratton, Audette Simard et Madeleine Eykel, pour leur travail minutieux sur le manuscrit et les épreuves; et ma famille, pour sa patience et le réconfort qu'elle m'a apporté pendant la rédaction du présent livre.

Diane Brière

TABLE DES MATIÈRES

MORCEAUX CHOISIS

ANNEXES

DISCOURS
DE LA METHODE

Pour bien conduire ſa raiſon, & chercher
la verité dans les ſciences.

PLUS

LA DIOPTRIQVE.

LES METEORES.

ET

LA GEOMETRIE.

Qui ſont des eſſais de cete METHODE.

A LEYDE
De l'Imprimerie de IAN MAIRE.
CIƆ IƆC XXXVII.
Auec Priuilege.

DESCARTES

UN GRAND DISCOURS

Descartes par Frans Van Schooten (1644).

R ené Descartes est né en 1596. Quatre
siècles nous séparent de lui. Notre
monde s'est transformé et a évo-
lué ; des inventions que jamais Descartes
n'aurait pu imaginer, même dans ses rêves
les plus extravagants, ont influencé le cours
du monde de façon irréversible. Pourtant,
le personnage nous fascine encore, et sa
pensée joue un rôle majeur dans l'histoire de la philosophie
et même de la science. « Esprit cartésien », « plan cartésien »,
« Je pense, donc je suis ». Ces expressions, nous les avons lues
souvent sans pouvoir toujours les relier à une figure précise.
Qui était donc Descartes pour nous avoir laissé un tel héritage ?

L'HOMME

René Descartes naît en 1596 en Touraine (France). Sa famille est de petite noblesse ; son père est conseiller au Parlement de Bretagne. Sa mère meurt alors qu'il n'a qu'un an. Il entreprend ses études au Collège de La Flèche en 1607 et les termine en 1615[1]. Sa santé fragile lui vaut un traitement de faveur : le matin, il peut se lever à l'heure qu'il veut. Il garde toute sa vie cette habitude de se lever tard et de réfléchir au lit.

De 1615 à 1618, Descartes étudie le droit à l'Université de Poitiers ; il s'initie aussi à la médecine. Ses études terminées, il s'engage comme militaire. Cependant, bien qu'il ait probablement assisté à la bataille de la Montagne Blanche (durant la campagne de Bohême), il semble qu'il ne se soit jamais battu lui-même. Il voyage beaucoup et, pendant toute sa vie, il déménage souvent pour tenter de protéger sa solitude.

Son cheminement intellectuel se dessine peu à peu pendant ces années ; il se lie avec Isaac Beeckman (1588–1637), un savant hollandais, et se propose de construire une géométrie. Le 10 novembre 1619, durant la nuit, il fait trois songes qui lui révèlent sa vocation de travailler à l'élaboration d'une nouvelle philosophie. Sa fortune personnelle lui permet de ne jamais avoir à se soucier de trouver un emploi rémunéré ; il vit modestement, mais de façon indépendante.

Après ses quatre années de vie militaire, Descartes prépare plusieurs ouvrages qu'il ne publie pas à cause du climat intellectuel de son époque. En effet, l'Église joue alors un rôle très important et elle détermine avec rigueur ce que les gens ont le droit de croire ou non. C'est ainsi que Galileo Galilei, dit Galilée (1564–1642), est condamné par l'**Inquisition*** en 1633 pour avoir défendu l'idée que la Terre n'est pas le centre de l'univers et qu'elle tourne sur elle-même. Dans son *Traité du monde*,

Inquisition Tribunal religieux créé au XIIIe siècle pour juger les personnes qui défendaient des thèses opposées (des thèses hérétiques) à celles de l'Église catholique.

*   Les mots suivis d'un astérisque sont définis dans le glossaire, à la page 141.

1. Dates rectifiées par Geneviève Rodis-Lewis dans l'article « Il était à la fois d'un caractère aventurier et prompt à se replier » (*Magazine littéraire*, n° 342, avril 1996, p. 20-26).

Descartes en arrive aux mêmes conclusions. Il trouve plus prudent, dès lors, de conserver dans ses tiroirs ses études et ses découvertes.

Le premier ouvrage qu'il se risque à publier, à Leyde (Hollande) en juin 1637, sans nom d'auteur, comprend le *Discours de la méthode* suivi de la *Dioptrique*, des *Météores* et de la *Géométrie*. Le *Discours* constitue la préface des trois autres œuvres, qui illustrent la méthode de Descartes. Le premier titre qu'il avait souhaité donner à son ouvrage était *Projet d'une science universelle qui puisse élever notre nature à son plus haut degré de perfection*.

La *Dioptrique* est un traité d'optique qui contient notamment la théorie de la **réfraction** de la lumière et une étude sur les nouveaux instruments optiques, particulièrement le télescope mis au point par Galilée. Les *Météores* sont un essai sur les phénomènes atmosphériques (les nuages, la pluie, la grêle, etc.). Enfin, la *Géométrie* est un traité d'algèbre qui préfigure la géométrie analytique. Dans ce dernier traité, Descartes utilise pour rédiger les équations une notation nouvelle à cette époque et dont nous nous servons encore aujourd'hui ; cette notation emploie par exemple les lettres x, y et z pour désigner les inconnues.

Réfraction Déviation d'un rayon lumineux qui passe d'un milieu transparent à un autre.

Sur le plan scientifique, toutes les œuvres de Descartes n'ont pas été retenues ; certaines de ses théories étaient fausses, d'autres n'ont pas été achevées. Cependant, il contribue, avec beaucoup d'autres chercheurs de son temps, à modifier la conception de la science et la place qu'elle occupe au sein de l'univers du savoir.

Le *Discours de la méthode* ne fait pas trop de bruit lors de sa parution, mais la *Dioptrique* et les *Météores* suscitent des réactions négatives de la part des scientifiques et des intellectuels ; certains mettront en question l'adhésion du philosophe à la religion catholique. Descartes publie par la suite la plupart de ses œuvres[2], mais il doit affronter plusieurs penseurs de son époque, qui lui reprochent de ne pas être fidèle aux vérités enseignées par l'Église.

2. Voir les dates de publication des diverses œuvres de Descartes dans la chronologie présentée à la page 133.

Descartes donnant des leçons de philosophie à la reine Christine de Suède. Gravure de Meaulle, XIXe siècle.

Descartes se défend contre ces accusations parfois avec panache, souvent de façon conciliante et respectueuse envers l'autorité. Du reste, ces querelles l'ennuient ; il voudrait passer tout son temps à réfléchir et à mettre en œuvre la méthode qu'il préconise. Son abondante correspondance nous montre un homme fidèle en amitié et capable d'avoir de longues discussions (avec le père Mersenne, notamment), mais aussi un être impulsif, qui n'hésite pas à prendre parti dans les querelles d'écoles.

Descartes meurt à Stockholm le 11 février 1650, au cours d'un séjour à la cour de la reine Christine. De santé fragile, il ne souhaitait pas entreprendre un si long déplacement. Arrivé à la cour, il doit s'astreindre à de longues discussions matinales avec la reine Christine ; une pneumonie mal soignée a finalement raison de lui.

Le Discours

« Le style, c'est l'homme »

Descartes publie en juin 1637 la *Dioptrique*, les *Météores* et la *Géométrie* : son propos est d'abord scientifique. L'introduction de ces œuvres est le *Discours de la méthode*, qui présente les découvertes de Descartes et montre les résultats obtenus grâce à la méthode préconisée.

Descartes publie sans nom d'auteur, par prudence. Les controverses entourant les découvertes de Galilée ne sont pas complètement terminées et il ne veut pas risquer d'avoir contre lui les intellectuels et l'Église.

On écrit toujours par rapport à la tradition, même quand on veut produire une œuvre totalement nouvelle. C'est ainsi que Descartes a eu besoin de la philosophie **scolastique*** pour mieux s'en affranchir. De même, on reconnaît au passage l'influence des **stoïciens***, desquels Descartes se démarque, mais dont on sent l'empreinte profonde dans son œuvre. Finalement, différents passages rappellent la pensée de l'écrivain français Michel de Montaigne (1533–1592)[3], par exemple, le «je» est important chez les deux auteurs. Les références autobiographiques de Descartes rappellent également le ton intimiste de Montaigne; ce dernier se prend comme mesure de l'être humain, dévoile ses pensées et décrit ses réactions, convaincu qu'on peut approfondir sa conception et sa compréhension de l'être humain en réfléchissant d'abord sur soi-même.

Descartes va à l'encontre de la tradition en publiant le *Discours* en français, pour rejoindre un public plus diversifié que les seuls **érudits**:

Et si j'écris en français, qui est la langue de mon pays, plutôt qu'en latin, qui est celle de mes **précepteurs***, c'est à cause que j'espère que ceux, qui ne se servent que de leur raison naturelle toute pure, jugeront mieux de mes opinions que ceux qui ne croient qu'aux livres anciens. Et pour ceux qui joignent le bon sens avec l'étude, lesquels seuls je souhaite pour mes juges, ils ne seront point, je m'assure, si partiaux pour le latin qu'ils refusent d'entendre mes raisons, pour ce que je les explique en langue vulgaire[4].*

Est-ce parce que Descartes cherche à se rallier un large public qu'il utilise un mode d'exposition de la pensée différent de celui d'autres textes philosophiques? En effet, le *Discours* ne se présente pas, à strictement parler, comme un texte argumentatif, où l'auteur cherche

Scolastique Philosophie et théologie enseignées au Moyen Âge par l'Université.

Stoïcien Adepte du stoïcisme, philosophie dont on retient surtout la morale, selon laquelle l'être humain doit référer ses passions pour mieux suivre sa nature rationnelle.

Érudit Savant, personne cultivée.

Précepteur Professeur particulier.

---

3. On trouve, dans l'extrait I de la section Morceaux choisis, page 102, des passages intéressants de Montaigne qui montrent bien comment il a inspiré Descartes.
4. René Descartes, *Discours de la méthode*, paragr. 66.

à convaincre de son point de vue et à faire adhérer le lecteur à sa pensée. Descartes ne prend pas non plus un ton scientifique ou **dogmatique***, avec lequel il pourrait imposer d'autorité les résultats de ses travaux.

Dogmatique Autoritaire, sans réplique.

Au contraire, il fait appel au « bon sens » de ses lecteurs et veut être entendu de tous et même... de toutes!

> [...] et ces pensées ne m'ont pas semblé être propres à mettre dans un livre, où j'ai voulu que les femmes mêmes pussent entendre quelque chose, et cependant que les plus subtils trouvassent aussi assez de matière pour occuper leur attention[5].

Descartes croit donc que la raison n'a pas de sexe (!); et sa vie en témoigne aussi, puisqu'il entretient une abondante correspondance avec la princesse Élisabeth de Bohême et la reine Christine de Suède.

C'est sous le mode biographique et narratif que Descartes expose ses thèses. Il raconte son parcours : ses études, ses voyages et sa solitude ; puis il dégage les conclusions auxquelles ses expériences l'ont conduit. La présentation de sa méthode découle donc de son cheminement et du développement de sa pensée.

Le résumé de l'œuvre

Le *Discours* comporte six parties. Permettons-nous un rapide tour d'horizon, quitte à revenir de façon plus détaillée sur la méthode elle-même et le *cogito**[6]. Dans la première partie, Descartes nous présente son cheminement intellectuel ; ses études l'ont déçu, il n'a pu y trouver la certitude et l'évidence que permettent, par exemple, les mathématiques. Il ressent le besoin de chercher une méthode sur

---

5. René Descartes, *Lettre au père Vatier, 22 février 1638* in *Œuvres et lettres*, introduction, chronologie, bibliographie et notes d'André Bridoux, Bruges, Gallimard, coll. La Pléiade, 1966, p. 991.

6. *Cogito, ergo sum :* Je pense, donc je suis. On parle souvent du *cogito* de Descartes pour nommer cette première vérité à laquelle il arrive après avoir douté de tout.

laquelle s'appuyer pour donner des fondements fermes et assurés à cet édifice de la raison qu'il rêve de construire.

Dans la deuxième partie, Descartes note qu'il y a souvent plus de perfection dans un ouvrage composé par une seule personne qu'il y en a lorsque plusieurs ont mis la main à la pâte. Pour découvrir la méthode qu'il recherche, Descartes devra d'abord travailler à éliminer les préjugés qui obscurcissent son esprit. Il établit les quatre règles de la méthode, grâce auxquelles la clarté et l'évidence pourront apparaître comme critères de vérité.

Dans la troisième partie, Descartes énonce les maximes d'une **morale provisoire**. Si l'on peut en effet suspendre nos jugements sur le plan intellectuel et prendre le temps de bien fonder nos raisonnements, les actions de la vie ne souffrent aucun délai. Ces maximes orientent nos actions de façon délibérée et confiante, en attendant que les principes intellectuels que l'on cherche nous permettent d'établir une morale fondée sur la raison.

Dans la quatrième partie, Descartes met en question tout ce qu'il a appris, espérant ainsi pouvoir trouver une vérité dont il ne puisse plus douter : c'est le doute provisoire et radical. Tout est remis en question, jusqu'à ce qu'apparaisse cette vérité, évidente : on ne peut pas douter sans penser, c'est-à-dire sans exister. Nous reviendrons plus loin sur ce *cogito* et sur les conséquences qui en découlent.

Dans la cinquième partie, Descartes résume quelques-unes des découvertes scientifiques qu'il a faites, abordant particulièrement les lois du mouvement des objets et du mouvement du cœur. Il les présente brièvement, sans entrer dans le détail.

Enfin, en conclusion (sixième partie), Descartes énonce les raisons qui l'ont poussé à publier son œuvre ainsi que celles qui le retenaient de le faire. Il souhaite qu'une communauté de scientifiques se rassemble, que d'autres savants puissent vérifier les résultats qu'il a obtenus et mener plus avant ses recherches. Cela lui paraît particulièrement important pour la médecine, qui peut contribuer à l'amélioration de la qualité de vie de l'humanité.

Morale provisoire
Ensemble des maximes que Descartes adopte pour la conduite des actions de sa vie, en attendant de trouver une morale définitive.

LA MÉTHODE

Le *Discours de la méthode*, c'est bien sûr d'abord et avant tout l'exposé d'une méthode susceptible de résoudre nombre de difficultés et de combler les lacunes que Descartes reconnaît à la pensée de son temps. On pourrait dire de cette méthode qu'elle permet de recentrer l'attention sur la raison de l'individu plutôt que sur le savoir à acquérir. La philosophie, mais aussi l'ensemble du savoir de son époque, comme le montre Descartes dans la première partie du *Discours*, est figée par la tradition. La scolastique, qui s'enseigne alors à l'Université, est en même temps que la somme des connaissances à apprendre un carcan intellectuel duquel il est très difficile de sortir.

Si quelqu'un veut chercher sérieusement la vérité, il ne doit donc pas choisir l'étude de quelque science particulière : car elles sont toutes unies entre elles et dépendent les unes des autres; mais il ne doit songer qu'à accroître la lumière naturelle de sa raison, non pour résoudre telle ou telle difficulté d'école, mais pour qu'en chaque circonstance de la vie son entendement* montre à sa volonté le parti à prendre[7] [...].

Entendement Faculté de connaître, de comprendre.

Descartes est un mathématicien : son raisonnement et sa démarche en conservent les marques. Plus encore, il veut permettre à la philosophie d'emprunter le modèle mathématique, qu'il voit comme un exemple de certitude, de telle sorte qu'elle puisse — enfin — être établie sur des fondements fermes et assurés et produire des résultats aussi probants que ceux des sciences, particulièrement des mathématiques. Il n'y a rien de révolutionnaire en soi dans cette méthode; elle se veut pratique et facile à utiliser. Les quatre règles que l'on trouve dans la deuxième partie du *Discours* le montrent bien. Cependant, la méthode de Descartes implique un retournement de la

7. René Descartes, *Règles pour la direction de l'esprit* (1701) in *Œuvres et lettres*, introduction, chronologie, bibliographie et notes d'André Bridoux, Bruges, Gallimard, coll. La Pléiade, 1966, p. 38-39. Voir aussi l'extrait XV où Jean-Paul Sartre aborde la question de la liberté mise en jeu à partir de Descartes à la page 119.

pensée, car elle repose sur l'autonomie de la pensée et non sur
un savoir constitué d'avance.

LE COGITO

Ce que Descartes reproche à la
philosophie de son temps, on le
voit, c'est de ne pouvoir établir
la vérité avec certitude. Les préjugés et l'éducation reçue nous
empêchent de savoir si ce que
nous avons appris est bien
vrai. Comment distinguer le vrai
du faux ? Cette question hante
Descartes et est à la source de
ses recherches en philosophie.

　　Pour séparer le
vrai du faux, Descartes utilise le
doute méthodique comme un
moyen de repartir à zéro. Il
doute donc de tout, jusqu'à ce
qu'il puisse trouver une vérité
indubitable, c'est-à-dire une vérité dont il ne soit plus possible
de douter.

COGITO, ERGO SUM!

RENÉ
DESCARTES

　　Ce doute ne doit pas être confondu avec le
doute de type **sceptique*** ; il s'agit du doute utilisé de façon
méthodique et radicale en vue d'atteindre la vérité. Le doute
est méthodique, ce qui signifie qu'il n'est pas un but en soi,
mais bien un moyen pour obtenir des certitudes ; il est strictement provisoire ; on s'en sert pour se débarrasser des
préjugés et des faussetés qui nous empêchent d'apercevoir
la vérité. Le doute est aussi radical, c'est-à-dire qu'il ne pré-
serve nulle habitude ni même quelque évidence que ce soit.

　　Ce sont d'abord nos sens qui peuvent nous
induire en erreur. Pour Descartes, comme pour Platon
(428–348 av. J.-C.), les sens peuvent nous tromper et nous

Sceptique Adepte du
scepticisme, philosophie
selon laquelle on ne peut
atteindre de façon cer-
taine aucune vérité. Pour
cette raison, les scepti-
ques utilisent le doute
comme une fin en soi et
recommandent de sus-
pendre son jugement.

devons nous en méfier. Le rêve aussi nous apporte des sensations ; nous avons souvent en dormant l'impression de bien sentir les choses, comme à l'état de veille. Le doute porte donc dans un premier temps sur ces sensations et imaginations, car elles n'ont pas la clarté* et l'évidence* pouvant servir de base à une vérité.

Peut-on alors se fier à notre raison ? Les énoncés mathématiques demeurent vrais, quelles que soient les circonstances. Mais Descartes, pour être bien sûr d'atteindre la certitude, est prêt à exagérer la portée du doute : il suppose l'existence d'un « Malin Génie » qui s'évertuerait à fausser tout ce que l'on pense. Même les vérités mathématiques ne sont pas épargnées par le doute cartésien.

Pendant que Descartes doute ainsi de tout ce qui se trouve en quelque sorte face à lui (sensations, vérités mathématiques, réalité), il ne peut faire autrement que de prendre conscience qu'il ne peut mettre en doute une seule chose : *le fait qu'il doute*. Il doute, donc il pense et, dès lors, il existe. « Je pense, donc je suis », en latin *Cogito, ergo sum*, est ce qu'on appelle le *cogito* de Descartes.

Ce *cogito* est une vérité si évidente que même le plus convaincu des sceptiques ne peut la nier. La vérité du *cogito* n'est issue ni des sens ni du raisonnement. C'est une prise de conscience qui implique la certitude de mon existence. Cette certitude est l'exemple même d'une intuition* évidente. Il est impossible, si et puisque je pense, de ne pas exister. C'est là la vérité la plus simple et la plus évidente que Descartes découvre à l'issue de son doute.

Si on analyse le *cogito*, on s'aperçoit qu'il n'est rien d'autre qu'« une **substance*** dont toute l'**essence*** ou la nature n'est que de penser[8] ». Et ce *cogito*, « pour être, n'a besoin d'aucun lieu ni ne dépend d'aucune chose matérielle[9] ». On peut dire de l'âme (ou de l'esprit) qu'elle est entièrement distincte du corps et « même qu'elle est

Substance Ce qui a sa propre existence en soi et ne dépend de rien d'autre.

Essence Ce qui constitue la nature d'une substance, sans tenir compte des modifications qui peuvent l'affecter.

8. René Descartes, *Discours de la méthode*, paragr. 37.

9. *Ibid.* Voir l'extrait XIII de la section Morceaux choisis, page 117, pour les critiques qu'adresse Hobbes à Descartes sur la question de la séparation de l'âme et du corps.

plus aisée à connaître que lui[10]». Ainsi, cette substance pensante est totalement indépendante des sens. Elle n'a pas besoin du corps pour penser ni pour avoir des idées.

Le *cogito* devient dès lors le fondement sur lequel Descartes peut bâtir une philosophie qui cherche la certitude telle que nous l'offrent les mathématiques. Dans l'ordre de la connaissance, voilà la première vérité.

L'être humain défini comme substance pensante se pose d'abord lui-même avant de poser par la suite Dieu, les idées claires* et distinctes*, le corps et, finalement, le monde.

SUR LA ROUTE DE LA VIE

En voulant trouver une méthode pour conduire sa raison, Descartes cherche aussi une méthode pour diriger sa vie. «Et j'avais toujours un extrême désir d'apprendre à distinguer le vrai d'avec le faux, pour voir clair en mes actions et marcher avec assurance en cette vie[11].» Il n'y réussit pas pleinement, n'ayant pas fini de rédiger la morale qui devait suivre l'exposé de la méthode pour bien mener sa raison. On en trouvera l'esquisse dans la morale provisoire* qu'il ébauche dans la troisième partie du *Discours de la méthode*.

Descartes estime, avec les stoïciens, que le bonheur consiste dans la satisfaction de tous les désirs raisonnables, et dans la certitude **corrélative** *que nos désirs non satisfaits sont impossibles à satisfaire, donc contraires à la raison. Mais c'est un caractère distinctif du* **cartésianisme** *que le problème de la conduite de la vie s'y confond avec le problème de la conduite de la pensée. Descartes opère ici comme une* **transposition** *du stoïcisme et le fait passer du plan de la pratique sur celui de la connaissance; l'acquisition de toute la vérité accessible à l'homme devenant la condition principale du bonheur[12].*

Corrélatif Qui est en relation logique avec une chose et, ici, qui en découle.

Cartésianisme Philosophie de René Descartes ou ce qui lui est relié.

Transposition Fait de changer de forme ou de contenu en passant dans un autre domaine.

10. René Descartes, *Discours de la méthode*, paragr. 37.

11. *Ibid.*, paragr. 14.

12. Étienne Gilson, in René Descartes, *Discours de la méthode*, introduction et notes, Paris, Vrin, 1964, p. 74, note 2.

Ce souci de bien mener sa vie se transforme aussi en volonté d'être utile : par la publication de ses réflexions, de ses expériences, de ses recherches en médecine, Descartes veut proposer à l'humanité de sortir du carcan étouffant de la tradition et de jouir d'une vie intellectuellement plus riche et physiquement soulagée de maux inutiles. Ses recherches en médecine, qu'il annonce à la fin de la sixième partie du *Discours de la méthode*, représentent un progrès pour l'humanité, la santé étant selon lui le plus grand des biens.

DESCARTES ET LA MODERNITÉ

Descartes croit qu'il peut y avoir progrès, que l'humanité peut améliorer son sort, et même que nous pouvons devenir « comme maîtres et possesseurs de la nature ». Par ses convictions, il s'inscrit dans le développement de la science de son temps. En effet, une rupture se dessine entre deux visions du monde, non seulement sur le plan scientifique, mais aussi sur le plan de la conception de l'univers, de l'être humain, de la religion, etc. Cette rupture, on peut l'illustrer par le combat qui s'engage entre le géocentrisme* et l'héliocentrisme*, débat, comme on le verra, qui ne sera pas exclusivement théorique.

La première de ces visions du monde, qui survit dans la philosophie scolastique, est caractérisée par une conception géocentrique* de l'univers, selon laquelle la Terre — et l'être humain — sont placés au centre de l'univers. Le monde est harmonieux ; tout y semble prévu par un Dieu omniprésent. Cette conception de l'univers, établie notamment par Aristote (384–322 av. J.-C.) et Ptolémée (90–168), paraît aussi immuable que le monde qu'elle décrit. Pourtant, des scientifiques commencent à en douter et tentent d'en proposer une autre.

Ces scientifiques travaillent, effectuent leurs expériences et réfléchissent hors des murs de l'Université. Ils constatent que la conception géocentrique du monde est insuffisante. Ils cherchent une autre façon de comprendre le réel.

Astronomie selon Galilée : l'héliocentrisme. Gravure, XVIe siècle.

L'un de ces scientifiques, l'astronome polonais Nicolas Copernic (1473–1543), publie en 1543 un livre dans lequel il affirme, sans donner de preuves, que la Terre n'est pas le centre de l'univers, mais qu'elle tourne autour du Soleil : c'est la « révolution copernicienne ». Aussitôt prend naissance un vif débat scientifique et religieux qui dure près d'un siècle.

En 1584, Giordano Bruno (1584–1600) publie le livre *De l'infini de l'univers et des mondes*, dans lequel il expose sa conception d'un univers sans centre ni limites. Il est accusé en 1600 d'**hérésie***, condamné à mort et brûlé vif.

Galilée publie à son tour en 1610 le *Messager sidéral* ; il y fait état des observations qu'il a effectuées

Hérésie Thèse contraire aux dogmes religieux.

grâce à la lunette grossissante : relief particulier et phases de la Lune, phases de Vénus, taches solaires, satellites de Jupiter. Ces observations confirment les théories de Copernic et lui permettent d'affirmer que l'univers n'est pas parfait et immuable, comme on le croyait depuis Aristote, mais au contraire corruptible et changeant.

Abjurer Renier publiquement une idée ou une thèse qu'on défendait.

Cependant, l'Église condamne Galilée en 1616, puis, comme on l'a vu, en 1633. Il est alors forcé d'**abjurer** ses théories pour ne pas subir le même sort que Bruno. On connaît la suite : Descartes se retient de faire paraître ses travaux dans un premier temps, puis les fait connaître petit à petit, pour vérifier l'accueil qu'on leur réserve.

Graduellement, au XVIIᵉ siècle, la science pose donc les deux idées qui permettront son essor prodigieux aux XVIIIᵉ et XIXᵉ siècles : l'autonomie vis-à-vis des enseignements de l'Église traditionnelle et l'utilisation du langage mathématique pour interpréter l'univers. Ainsi, Galilée entreprend de lire « le grand livre du monde », écrit, selon lui, « en termes mathématiques ».

Machine Être vivant constitué de plusieurs organes fonctionnant de façon mécanique.

La nature prend dès lors la figure d'une **machine** : on peut la comprendre, l'interpréter, sans avoir à recourir à des forces, à des puissances ou à des qualités obscures. Dans la cinquième partie du *Discours*, Descartes en donne plusieurs exemples, dont celui des animaux.

On voit donc que l'héliocentrisme naissant, cette conception de l'univers selon laquelle les planètes tournent à la fois sur elles-mêmes et autour du Soleil, ébranle non seulement la représentation du monde de l'époque, mais aussi le rapport avec la tradition et l'autorité. Préconisant l'autonomie de la pensée, Descartes se retrouve parmi ces penseurs et ces scientifiques, qui contribuent eux aussi à l'affranchissement de la pensée et font naître l'époque moderne.

DISCOURS

DE LA MÉTHODE

POUR BIEN CONDUIRE SA RAISON

ET CHERCHER LA VÉRITÉ

DANS LES SCIENCES

Descartes par Frans Hals (détail). Paris, Musée du Louvre.

S i ce discours* semble trop long pour être tout lu en une fois, on pourra le distinguer en six parties. Et en la première, on trouvera diverses considérations touchant les sciences. En la seconde, les principales règles de la méthode que l'auteur a cherchée. En la troisième, quelques-unes de celles de la morale* qu'il a tirée de cette méthode*. En la quatrième, les raisons par lesquelles il prouve l'existence de Dieu et de l'âme humaine, qui sont les fondements de sa métaphysique*. En la cinquième, l'ordre des questions de physique qu'il a cherchées, et particulièrement l'explication du mouvement du cœur et de quelques autres difficultés qui appartiennent à la médecine, puis aussi la différence qui est entre notre âme et celle des bêtes. Et en la dernière, quelles choses il croit être requises pour aller plus avant en la recherche de la nature qu'il n'a été, et quelles raisons l'ont fait écrire.

PREMIÈRE PARTIE
CONSIDÉRATIONS TOUCHANT LES SCIENCES

Vraisemblable Qui semble vrai, crédible, plausible.

1. Le bon sens*[1] est la chose du monde la mieux partagée : car chacun pense en être si bien pourvu, que ceux même qui sont les plus difficiles à contenter en toute autre chose n'ont point coutume d'en désirer plus qu'ils en ont. En quoi il n'est pas **vraisemblable** que tous se trompent ; mais plutôt cela témoigne que la puissance de bien juger et distinguer le vrai d'avec le faux, qui est proprement ce qu'on nomme le bon sens ou la raison*, est naturellement égale en tous les hommes ; et ainsi, que la diversité de nos opinions ne vient pas de ce que les uns sont plus raisonnables que les autres, mais seulement de ce que nous conduisons nos pensées* par diverses voies et ne considérons pas les mêmes choses. Car ce n'est pas assez d'avoir l'esprit bon, mais le principal est de l'appliquer bien[2]. Les plus grandes âmes sont capables des plus grands vices aussi bien que des plus grandes vertus ; et ceux qui ne marchent que fort lentement peuvent avancer beaucoup davantage, s'ils suivent toujours le droit chemin, que ne font ceux qui courent et qui s'en éloignent.

2. Pour moi, je n'ai jamais présumé que mon esprit[3] fût en rien plus parfait que ceux du commun ; même j'ai souvent souhaité avoir la pensée aussi prompte, ou l'imagination aussi nette et distincte, ou la mémoire aussi ample ou aussi présente, que quelques autres. Et je

---

*   Les mots suivis d'un astérisque (*) sont définis dans le glossaire.
1. Le bon sens, c'est la raison ; quelques lignes plus bas, Descartes définit le bon sens ou la raison comme «la puissance de bien juger et distinguer le vrai d'avec le faux». Cette faculté est selon lui innée chez tout être humain. Voir l'extrait I de la section Morceaux choisis, page 102.
2. Ce pourquoi Descartes proposera une méthode, qui devrait servir à corriger les erreurs passées de la philosophie et des sciences.
3. Descartes utilise ici le mot esprit pour englober les qualités qu'il décrit par la suite : la raison, d'abord, mais aussi la pensée, la mémoire et l'imagination.

ne sache point de qualités que celles-ci, qui servent à la perfection de l'esprit : car pour la raison ou le **sens**, d'autant qu'elle est la seule chose qui nous rend hommes et nous distingue des bêtes, je veux croire qu'elle est tout entière en un chacun, et suivre en ceci l'opinion commune des philosophes[4], qui disent qu'il n'y a du plus et du moins qu'entre les *accidents**, et non point entre les *formes* ou natures des *individus* d'une même *espèce*[5].

3. Mais je ne craindrai pas de dire que je pense avoir eu beaucoup d'**heur** de m'être rencontré dès ma jeunesse en certains chemins[6], qui m'ont conduit à des considérations et des **maximes**, dont j'ai formé une méthode par laquelle il me semble que j'ai moyen d'augmenter par degrés ma connaissance, et de l'élever peu à peu au plus haut point auquel la médiocrité de mon esprit et la courte durée de ma vie lui pourront permettre d'atteindre. Car j'en ai déjà recueilli de tels fruits, qu'encore qu'aux jugements que je fais de moi-même, je tâche toujours de pencher vers le côté de la **défiance** plutôt que vers celui de la présomption[7] ; et que, regardant d'un œil de philosophe les diverses actions et entreprises de tous les hommes, il n'y en ait quasi aucune qui ne me semble vaine et inutile ; je ne laisse pas de recevoir une extrême satisfaction du progrès que je pense avoir déjà fait en la recherche de la vérité, et de concevoir de telles espérances pour l'avenir que si, entre les occupations des hommes purement

Sens Bon sens, raison.

Accident Qualité qui n'est pas essentielle à ce qui constitue une chose ou un individu ; les vêtements, par exemple, sont accessoires et, en ce sens, un accident : je peux changer de mode ou de style sans modifier de façon substantielle ce que je suis.

Forme La forme est ce qui définit la chose ou l'individu pour ce qu'il est. La pensée, par exemple, est essentielle à la définition même de l'être humain.

Heur Bonheur, chance.

Maxime Principe ou règle pour la conduite de la science, d'un art ou de la vie.

Défiance Méfiance, prudence de la personne qui reste critique vis-à-vis d'elle-même.

4. L'«opinion commune des philosophes» : l'opinion de la philosophie scolastique*, telle qu'elle était enseignée à l'époque de Descartes.

5. L'espèce est l'ensemble des individus présentant des caractéristiques communes qui les différencient d'individus voisins classés dans le même genre ou la même famille. Descartes regroupe ces caractéristiques sous le concept de la «forme». Il poursuit son idée selon laquelle la raison, qui fait partie de l'être humain, est égale en chacun ; ce qui change, ce sont les qualités de l'esprit et la capacité de s'en servir adéquatement, d'où la nécessité de la méthode que Descartes veut proposer.

6. Descartes fait référence à ses études au Collège de La Flèche (de 1607 à 1615).

7. La présomption est le fait de juger trop rapidement, de ne pas prendre le temps de bien fonder ses raisonnements. Plusieurs des thèmes traités par Descartes (la présomption, mais aussi les voyages, etc.) se retrouvaient déjà chez Montaigne. Voir par exemple l'extrait I de la section Morceaux choisis, page 102.

hommes[8], il y en a quelqu'une qui soit solidement bonne et importante, j'ose croire que c'est celle que j'ai choisie[9].

4. Toutefois, il se peut faire que je me trompe, et ce n'est peut-être qu'un peu de cuivre et de verre que je prends pour de l'or et des diamants. Je sais combien nous sommes sujets à nous méprendre en ce qui nous touche, et combien aussi les jugements de nos amis nous doivent être suspects lorsqu'ils sont en notre faveur. Mais je serai bien aise de faire voir, en ce discours, quels sont les chemins que j'ai suivis, et d'y représenter ma vie comme en un tableau, afin que chacun en puisse juger, et qu'apprenant du bruit commun les opinions qu'on en aura, ce soit un nouveau moyen de m'instruire que j'ajouterai à ceux dont j'ai coutume de me servir[10].

Dessein Intention, but, objectif ou projet que l'on se propose de réaliser.

Précepte Règle à suivre ou, à tout le moins, conseil.

5. Ainsi mon **dessein** n'est pas d'enseigner ici la méthode que chacun doit suivre pour bien conduire sa raison, mais seulement de faire voir en quelle sorte j'ai tâché de conduire la mienne[11]. Ceux qui se mêlent de donner des **préceptes** se doivent estimer plus habiles que ceux auxquels ils les donnent, et s'ils manquent en la moindre chose, ils en sont blâmables. Mais, ne proposant cet écrit que comme une histoire ou, si vous l'aimez mieux, que comme une fable en laquelle, parmi quelques exemples qu'on peut imiter, on en trouvera peut-être aussi plusieurs autres qu'on aura raison de ne pas suivre, j'espère qu'il sera

8. Ce sont les hommes qui se servent uniquement de leur raison, sans se référer à la théologie. Socrate établissait quant à lui une distinction entre la sagesse* humaine et la sagesse divine. Voir l'extrait II de la section Morceaux choisis, page 103.

9. Voir l'extrait III de la section Morceaux choisis, page 104, pour comprendre l'importance de la philosophie que Descartes souhaite fonder de nouveau.

10. En publiant ce *Discours*, Descartes pourra recevoir les commentaires et les critiques d'un public plus large que celui de ses amis; il pourra ainsi vérifier si ses prises de position sont recevables.

11. Descartes ne veut pas imposer sa méthode, qu'il ne prétend pas être la seule valable. On verra cependant dans son développement que, sans vouloir l'imposer, il croit qu'il s'agit d'une excellente méthode pour bien mener sa raison et obtenir des résultats satisfaisants sur le plan scientifique.

utile à quelques-uns, sans être nuisible à personne, et que tous me sauront gré de ma franchise.

6. J'ai été nourri aux lettres dès mon enfance[12], et pour ce qu'on me persuadait que, par leur moyen, on pouvait acquérir une connaissance claire et assurée de tout ce qui est utile à la vie, j'avais un extrême désir de les apprendre. Mais sitôt que j'eus achevé tout ce cours d'études au bout duquel on a coutume d'être reçu au rang des **doctes**, je changeai entièrement d'opinion. Car je me trouvais embarrassé de tant de doutes et d'erreurs, qu'il me semblait n'avoir fait autre profit, en tâchant de m'instruire, sinon que j'avais découvert de plus en plus mon ignorance. Et néanmoins j'étais en l'une des plus célèbres écoles de l'Europe, où je pensais qu'il devait y avoir de savants hommes, s'il y en avait en aucun endroit de la terre. J'y avais appris tout ce que les autres y apprenaient ; et même, ne m'étant pas contenté des sciences qu'on nous enseignait, j'avais parcouru tous les livres traitant de celles qu'on estime les plus curieuses et les plus rares[13], qui avaient pu tomber entre mes mains. Avec cela, je savais les jugements que les autres faisaient de moi, et je ne voyais point qu'on m'estimât inférieur à mes condisciples, bien qu'il y en eût déjà entre eux quelques-uns qu'on destinait à remplir les places de nos maîtres. Et enfin notre siècle me semblait aussi **fleurissant** et aussi fertile en bons esprits qu'ait été aucun des précédents. Ce qui me faisait prendre la liberté de juger par moi de tous les autres, et de penser qu'il n'y avait aucune doctrine dans le monde qui fût telle qu'on m'avait auparavant fait espérer.

Docte Savant. Aujourd'hui, le titre de docteur est attribué à la personne qui a fait ses études de doctorat.

Fleurissant Florissant, c'est-à-dire brillant, prospère.

12. Descartes raconte maintenant le déroulement de ses études au Collège de La Flèche, puis plus tard à l'Université de Poitiers. Il a nommé cette partie « L'histoire de mon esprit ». Il explique comment il a pris progressivement ses distances par rapport à l'enseignement reçu pour situer l'origine de sa méthode.

13. Descartes évoque ici ce que nous nommons aujourd'hui les sciences occultes ; il en énumère quelques-unes au paragraphe 13 : alchimie, astrologie, magie, etc.

Intelligence
Compréhension.

Discrétion
Discernement.

Éloquence Aptitude à
s'exprimer avec aisance ;
capacité d'émouvoir et
de persuader par la
parole.

Exhortation
Recommandation,
encouragement.

Jurisprudence
Science du droit.

7. Je ne laissais pas toutefois d'estimer les exercices auxquels on s'occupe dans les écoles. Je savais que les langues qu'on y apprend sont nécessaires pour l'**intelligence** des livres anciens ; que la gentillesse des fables réveille l'esprit ; que les actions mémorables des histoires le relèvent, et qu'étant lues avec **discrétion** elles aident à former le jugement ; que la lecture de tous les bons livres est comme une conversation avec les plus honnêtes gens des siècles passés, qui en ont été les auteurs, et même une conversation étudiée en laquelle ils ne nous découvrent que les meilleures de leurs pensées ; que l'**éloquence** a des forces et des beautés incomparables ; que la poésie a des délicatesses et des douceurs très ravissantes ; que les mathématiques ont des inventions très subtiles et qui peuvent beaucoup servir, tant à contenter les curieux qu'à faciliter tous les arts[14] et diminuer le travail des hommes ; que les écrits qui traitent des mœurs contiennent plusieurs enseignements et plusieurs **exhortations** à la vertu qui sont fort utiles ; que la théologie enseigne à gagner le ciel ; que la philosophie donne moyen de parler vraisemblablement de toutes choses et se faire admirer des moins savants[15] ; que la **jurisprudence**, la médecine et les autres sciences apportent des honneurs et des richesses à ceux qui les cultivent ; et enfin qu'il est bon de les avoir toutes examinées, même les plus superstitieuses et les plus fausses, afin de connaître leur juste valeur[16] et se garder d'en être trompé.

14. Il s'agit des arts mécaniques, dont Descartes parlera au paragraphe 10 ; ce sont par exemple la géographie, l'emploi des machines, l'art des fortifications, etc.

15. C'est un jugement sévère que porte ici Descartes sur la philosophie ; mais il n'a pas trouvé dans cette discipline les réponses aux questions qu'il se posait, même si la philosophie prétendait pouvoir donner de telles réponses. Dans ce passage, Descartes critique particulièrement le fait de parler avec vraisemblance, c'est-à-dire selon les apparences de la vérité, un peu comme le faisaient les sophistes*, qui étaient passés maîtres dans l'art de convaincre.

16. Descartes, qui s'est même initié aux «sciences curieuses» (ce qu'on appelle les sciences occultes ; voir le paragraphe 6), souligne dans ce passage l'importance de l'ouverture d'esprit : même si les diverses connaissances acquises n'ont pas la certitude souhaitée, toutes, cependant, contribuent à leur façon à la constitution d'un esprit éclairé.

8. Mais je croyais avoir déjà donné assez de temps aux langues, et même aussi à la lecture des livres anciens et à leurs histoires et à leurs fables. Car c'est quasi le même de converser avec ceux des autres siècles que de voyager. Il est bon de savoir quelque chose des mœurs de divers peuples, afin de juger des nôtres plus sainement, et que nous ne pensions pas que tout ce qui est contre nos modes soit ridicule et contre raison, ainsi qu'ont coutume de faire ceux qui n'ont rien vu. Mais lorsqu'on emploie trop de temps à voyager, on devient enfin étranger en son pays ; et lorsqu'on est trop curieux des choses qui se pratiquaient aux siècles passés, on demeure ordinairement fort ignorant de celles qui se pratiquent en celui-ci. Outre que les fables font imaginer plusieurs événements comme possibles qui ne le sont point, et que même les histoires les plus fidèles, si elles ne changent ni n'augmentent la valeur des choses, pour les rendre plus dignes d'être lues, au moins en omettent-elles presque toujours les plus basses et moins illustres circonstances ; d'où vient que le reste ne paraît pas tel qu'il est, et que ceux qui règlent leurs mœurs par les exemples qu'ils en tirent sont sujets à tomber dans les extravagances des **paladins** de nos romans et à concevoir des desseins qui passent leurs forces.

> **Paladin** Chevalier errant du Moyen Âge en quête de prouesses et d'actions généreuses.

9. J'estimais fort l'éloquence et j'étais amoureux de la poésie, mais je pensais que l'une et l'autre étaient des dons de l'esprit plutôt que des fruits de l'étude. Ceux qui ont le raisonnement le plus fort et qui digèrent le mieux leurs pensées, afin de les rendre claires et **intelligibles**, peuvent toujours le mieux persuader ce qu'ils proposent[17], encore qu'ils ne parlassent que **bas breton** et qu'ils n'eussent jamais appris de **rhétorique**. Et ceux qui ont les inventions les plus agréables, et qui les savent exprimer avec le plus d'ornement et de douceur, ne laisseraient pas d'être les meilleurs poètes, encore que l'art poétique leur fût inconnu.

> **Intelligible** Compréhensible.
>
> **Bas breton** Langage courant, peu relevé, le bas breton est un dialecte issu de la langue bretonne.
>
> **Rhétorique** Ensemble des procédés employés par un orateur pour persuader, convaincre de son point de vue.

17. « Le mieux persuader ce qu'ils proposent » : convaincre de leurs opinions.

Art mécanique Art où les calculs sont importants ; par exemple géographie, emploi des machines, art des fortifications, etc.

Ancien païen Philosophe stoïcien*.

Parricide Meurtre du père, de la mère ou, par extension, des membres de la famille élargie, incluant même les enfants.

Révélé Inaccessible à la simple raison de l'être humain.

10. Je me plaisais surtout aux mathématiques, à cause de la certitude et de l'évidence de leurs raisons[18] ; mais je ne remarquais point encore leur vrai usage, et pensant qu'elles ne servaient qu'aux **arts mécaniques**, je m'étonnais de ce que, leurs fondements étant si fermes et si solides, on n'avait rien bâti dessus de plus relevé[19]. Comme, au contraire, je comparais les écrits des **anciens païens**[20] qui traitent des mœurs à des palais fort superbes et fort magnifiques, qui n'étaient bâtis que sur du sable et sur de la boue. Ils élèvent fort haut les vertus et les font paraître estimables par-dessus toutes les choses qui sont au monde, mais ils n'enseignent pas assez à les connaître, et souvent ce qu'ils appellent d'un si beau nom n'est qu'une insensibilité, ou un orgueil, ou un désespoir, ou un **parricide**[21].

11. Je révérais notre théologie et prétendais autant qu'aucun autre à gagner le ciel ; mais ayant appris, comme chose très assurée, que le chemin n'en est pas moins ouvert aux plus ignorants qu'aux plus doctes, et que les vérités **révélées** qui y conduisent sont au-dessus de notre intelligence, je n'eusse osé les soumettre à la faiblesse de mes raisonnements, et je pensais que, pour entreprendre de les examiner et y réussir, il était besoin d'avoir quelque extraordinaire assistance du ciel et d'être plus qu'homme[22].

18. On verra tout au long du *Discours de la méthode* que la certitude et l'évidence, ainsi que la clarté et le fait de bien distinguer les idées, sont pour Descartes des critères de vérité.

19. Remarquons l'origine du projet de Descartes : étendre la certitude que procurent les mathématiques (ce roc ferme et solide) à l'ensemble du savoir.

20. Les philosophes des XVe et XVIe siècles, notamment Montaigne et Descartes, ont été influencés par le stoïcisme même si Descartes s'en défend ici. Ce dernier critique surtout dans ce passage la conception de la vertu des philosophes stoïciens.

21. Descartes fait référence à des exemples de l'Antiquité où des stoïciens ont donné la mort à un père ou à des enfants pour une cause vertueuse à leurs yeux.

22. Pour cette raison, Descartes, tant dans le *Discours de la méthode* que dans les *Méditations métaphysiques*, insiste sur le fait que, même quand il traite des questions de l'existence de Dieu ou de l'âme, il le fait en philosophe, c'est-à-dire en se servant uniquement de raisonnements (voir le paragraphe 3 et l'extrait II de la section Morceaux choisis, page 103.)

12. Je ne dirai rien de la philosophie, sinon que, voyant qu'elle a été cultivée par les plus excellents esprits qui aient vécu depuis plusieurs siècles et que néanmoins il ne s'y trouve encore aucune chose dont on ne dispute[23], et par conséquent qui ne soit douteuse, je n'avais point assez de présomption pour espérer d'y **rencontrer** mieux que les autres ; et que, considérant combien il peut y avoir de diverses opinions touchant une même matière qui soient soutenues par des gens doctes, sans qu'il y en puisse avoir jamais plus d'une seule qui soit vraie, je réputais presque pour faux tout ce qui n'était que vraisemblable[24].

Rencontrer Réussir.

13. Puis, pour les autres sciences, d'autant qu'elles empruntent leurs **principes*** de la philosophie, je jugeais qu'on ne pouvait avoir rien bâti qui fût solide sur des **fondements*** si peu fermes. Et ni l'honneur ni le gain qu'elles promettent n'étaient suffisants pour me convier à les apprendre ; car je ne me sentais point, grâce à Dieu, de condition qui m'obligeât à faire un métier de la science pour le soulagement de ma fortune ; et quoique je ne fisse pas profession de mépriser la gloire en **cynique***, je faisais néanmoins fort peu d'état[25] de celle que je n'espérais point pouvoir acquérir qu'à faux titres. Et enfin, pour les mauvaises doctrines, je pensais déjà connaître assez ce qu'elles valaient pour n'être plus sujet à être trompé, ni par les promesses d'un alchimiste, ni par les prédictions d'un astrologue, ni par les impostures d'un magicien, ni par les artifices ou la vanterie d'aucun de ceux qui font profession de savoir plus qu'ils ne savent[26].

Principe Point de départ d'un raisonnement.

Fondement Principe général servant de base à un système, à une théorie.

Cynique Adepte du cynisme, philosophie dont on retiendra surtout l'aspect moral. Selon celui-ci, l'être humain devait tenter de mener une vie conforme à la nature sans se conformer aux conventions sociales.

23. « Aucune chose dont on ne dispute » : aucun sujet à propos duquel on éprouve une telle certitude qu'on ne sente plus le besoin d'en discuter. La philosophie scolastique reposait sur des « disputes » où on s'exerçait à faire ressortir les points de vue favorables et défavorables à l'égard d'une thèse. Descartes y voit le signe de l'erreur : toute vérité est évidente et s'impose donc comme telle, sans discussion.

24. « Je réputais presque pour faux tout ce qui n'était que vraisemblable » : je considérais comme faux tout ce qui pouvait paraître vrai, sans l'être nécessairement.

25. « Je faisais néamoins fort peu d'état » : je ne me préoccupais pas.

26. Ce passage peut nous faire penser à Socrate, qui se méfiait de ceux qui prétendent savoir et sont en fait ignorants (voir l'extrait II de la section Morceaux choisis, page 103).

Descartes à sa table de travail. Gravure anonyme servant de frontispice à une édition de ses œuvres, XVIIe siècle. BN.

14. C'est pourquoi, sitôt que l'âge me permit de sortir de la **sujétion** de mes précepteurs, je quittai entièrement l'étude des lettres. Et me résolvant de ne chercher plus d'autre science que celle qui se pourrait trouver en moi-même, ou bien dans le grand livre du monde, j'employai le reste de ma jeunesse à voyager[27], à voir des cours[28] et des armées, à fréquenter des gens de diverses humeurs et conditions[29], à recueillir diverses expériences, à m'éprouver moi-même dans les rencontres que la **fortune** me proposait, et partout à faire telle réflexion sur les choses qui se présentaient, que j'en pusse tirer quelque profit. Car il me semblait que je pourrais rencontrer beaucoup plus de vérité dans les raisonnements que chacun fait touchant les affaires qui lui importent et dont l'événement le doit punir bientôt après s'il a mal jugé, que dans ceux que fait un homme de lettres dans son **cabinet** touchant des **spéculations** qui ne produisent aucun effet, et qui ne lui sont d'autre conséquence, sinon que peut-être il en tirera d'autant plus de vanité qu'elles seront plus éloignées du sens commun, à cause qu'il aura dû employer d'autant plus d'esprit et d'**artifice** à tâcher de les rendre vraisemblables. Et j'avais toujours un extrême désir d'apprendre à

Sujétion Soumission, dépendance.

Fortune Hasard.

Cabinet Bureau de travail.

Spéculation Réflexion.

Artifice Ruse.

27. Descartes voyage pendant les années 1618 à 1628.
28. Il s'agit des cours royales.
29. Descartes parle des conditions sociales.

distinguer le vrai d'avec le faux, pour voir clair en mes actions et marcher avec assurance en cette vie.

15. Il est vrai que, pendant que je ne faisais que considérer les mœurs des autres hommes, je n'y trouvais guère de quoi m'assurer, et que j'y remarquais quasi autant de diversité que j'avais fait auparavant entre les opinions des philosophes. En sorte que le plus grand profit que j'en retirais était que, voyant plusieurs choses qui, bien qu'elles nous semblent fort extravagantes et ridicules, ne laissent pas d'être communément reçues et approuvées par d'autres grands peuples, j'apprenais à ne rien croire trop fermement de ce qui ne m'avait été persuadé que par l'exemple et par la coutume ; et ainsi je me délivrais peu à peu de beaucoup d'erreurs qui peuvent offusquer notre lumière naturelle[30] et nous rendre moins capables d'entendre raison. Mais après que j'eus employé quelques années à étudier ainsi dans le livre du monde et à tâcher d'acquérir quelque expérience, je pris un jour la résolution d'étudier aussi en moi-même et d'employer toutes les forces de mon esprit à choisir les chemins que je devais suivre. Ce qui me réussit beaucoup mieux, ce me semble, que si je ne me fusse jamais éloigné ni de mon pays ni de mes livres.

EXERCICES D'ANALYSE

ET DE COMPRÉHENSION, PREMIÈRE PARTIE

Paragraphe 1

1. Définissez la notion de raison telle que l'emploie Descartes dans ce paragraphe.
2. Expliquez comment Descartes peut affirmer à la fois que « la raison est naturellement égale en tous les hommes » et qu'existe pourtant « la diversité de nos opinions », c'est-à-dire que nous ne pensons pas tous de la même façon.

---

30. « Offusquer notre lumière naturelle » : nuire à notre raison, à notre intelligence.

Paragraphe 2

1. Énoncez ce qui nous distingue des animaux selon Descartes.
2. Expliquez le passage : « il n'y a du plus et du moins qu'entre les *accidents*, et non point entre les *formes*, ou natures, des *individus* d'une même *espèce*».
3. Reliez cette explication à celle que vous avez donnée pour l'exercice du paragraphe 1.

Paragraphe 3

1. Résumez ce que dit Descartes au sujet de sa méthode.
2. En vous servant de ce qui précède, expliquez ce à quoi il fait référence dans cette phrase : « si, entre les occupations des hommes purement hommes, il y en a quelqu'une qui soit solidement bonne et importante, j'ose croire que c'est celle que j'ai choisie ».

Paragraphes 4 et 5

Indiquez la fonction de ces paragraphes dans le déroulement de la première partie.

Paragraphe 6

Repérez la conclusion de ce paragraphe et expliquez-la.

Paragraphe 13

Comparez la citation suivante avec ce que disait Socrate au sujet de la sagesse : « ni par les artifices ou la vanterie d'aucun de ceux qui font profession de savoir plus qu'ils ne savent ».

Paragraphe 14

Résumez ce paragraphe en un maximum de deux phrases.

Paragraphe 15

Quelles sont les erreurs mentionnées par Descartes dans la phrase suivante : « et ainsi je me délivrais peu à peu de beaucoup d'erreurs »?

QUESTIONS

D'ENSEMBLE

1. Quel est le thème de cette première partie? Quelle en est l'idée principale?

2. Résumez en un maximum de deux phrases
   a) les paragraphes 1 à 5;
   b) les paragraphes 6 à 15.
   En résumant, assurez-vous de faire le lien entre ces deux ensembles de paragraphes.

3. À partir des paragraphes 7 à 13, présentez les différentes disciplines que Descartes a étudiées et faites ressortir les bons et les mauvais côtés qu'il en retient sous la forme d'un tableau.

4. Dégagez les conclusions auxquelles Descartes en arrive au terme de ses études et après ses voyages.

5. Comme Descartes, faites le bilan de vos études pour en dégager les aspects positifs et négatifs.

6. Faites ressortir les caractéristiques de l'être humain que Descartes évoque dans cette partie.

7. « Et j'avais toujours un extrême désir d'apprendre à distinguer le vrai d'avec le faux, pour voir clair en mes actions, et marcher avec assurance en cette vie. » (paragraphe 14) À partir de cette citation, expliquez le cheminement de Descartes dans la première partie.

8. « Le bon sens est la chose du monde la mieux partagée. » Ainsi commence le *Discours de la méthode*. Est-ce à dire que, selon Descartes, nous sommes égaux en ce qui concerne la raison? Commentez.

DEUXIÈME PARTIE
PRINCIPALES RÈGLES DE LA MÉTHODE

16. J'étais alors en Allemagne, où l'occasion des guerres qui n'y sont pas encore finies m'avait appelé[1] ; et comme je retournais du couronnement de l'empereur vers l'armée, le commencement de l'hiver m'arrêta en un quartier où, ne trouvant aucune conversation qui me divertît, et n'ayant d'ailleurs, par bonheur, aucuns soins ni passions qui me troublassent, je demeurais tout le jour enfermé seul dans un **poêle**, où j'avais tout loisir de m'entretenir de mes pensées. Entre lesquelles l'une des premières fut que je m'avisai de considérer que souvent il n'y a pas tant de perfection dans les ouvrages composés de plusieurs pièces et faits de la main de divers maîtres, qu'en ceux auxquels un seul a travaillé. Ainsi voit-on que les bâtiments qu'un seul architecte a entrepris et achevés ont coutume d'être plus beaux et mieux ordonnés que ceux que plusieurs ont tâché de raccommoder, en faisant servir de vieilles murailles qui avaient été bâties à d'autres fins. Ainsi ces anciennes cités qui, n'ayant été au commencement que des **bourgades** sont devenues par succession de temps de grandes villes, sont ordinairement si mal **compassées** au prix de ces places régulières qu'un ingénieur trace à sa fantaisie dans une plaine, qu'encore que, considérant leurs édifices chacun à part, on y trouve souvent autant ou plus d'art qu'en ceux des autres ; toutefois, à voir comme ils sont arrangés, ici un grand, là un petit, et comme ils rendent les rues courbées et inégales, on dirait que c'est plutôt la fortune que la volonté de quelques hommes usant de raison qui les a ainsi disposés. Et si on considère qu'il y a eu néanmoins de tout temps quelques officiers qui ont eu charge de prendre garde aux bâtiments des particuliers pour les faire servir à l'ornement du public, on connaîtra bien qu'il est malaisé, en ne travaillant que sur les ouvrages d'autrui, de

Poêle Pièce au centre de laquelle chauffait un poêle.

Bourgade Village.
Compassé Disposé.

1. Nous sommes en 1619.

faire des choses fort accomplies. Ainsi je m'imaginai que les peuples qui, ayant été autrefois demi-sauvages et ne s'étant civilisés que peu à peu, n'ont fait leurs lois qu'à mesure que l'incommodité des crimes et des querelles les y a contraints, ne sauraient être si bien **policés** que ceux qui, dès le commencement qu'ils se sont assemblés, ont observé les constitutions de quelque prudent **législateur**. Comme il est bien certain que l'état de la vraie religion, dont Dieu seul a fait les ordonnances, doit être incomparablement mieux réglé que tous les autres. Et pour parler des choses humaines, je crois que si Sparte a été autrefois très florissante, ce n'a pas été à cause de la bonté de chacune de ses lois en particulier, vu que plusieurs étaient fort étranges et même contraires aux bonnes mœurs, mais à cause que, n'ayant été inventées que par un seul[2], elles tendaient toutes à même fin. Et ainsi je pensai que les sciences des livres, au moins celles dont les raisons ne sont que probables et qui n'ont aucunes démonstrations, s'étant composées et grossies peu à peu des opinions de plusieurs diverses personnes, ne sont point si approchantes de la vérité que les simples raisonnements que peut faire naturellement un homme de bon sens touchant les choses qui se présentent. Et ainsi encore je pensai que, pour ce que nous avons tous été enfants[3] avant que d'être hommes et qu'il nous a fallu longtemps être gouvernés par nos appétits et nos précepteurs, qui étaient souvent contraires les uns aux autres et qui, ni les uns ni les autres, ne nous conseillaient peut-être pas toujours le meilleur, il est presqu'impossible que nos jugements soient si purs ni si solides qu'ils auraient été, si nous avions eu l'usage entier de notre raison dès le point de notre naissance et que nous n'eussions jamais été conduits que par elle.

Policé Structuré, organisé autour d'une constitution bien établie.

Législateur Personne ou instance qui fait les lois.

---

2. On croyait que la constitution de Sparte avait été établie par Lycurgue, législateur légendaire. Descartes donne cet exemple pour faire valoir encore que l'œuvre d'une seule personne peut être plus réussie, parce qu'elle est plus cohérente et plus articulée que celle de plusieurs, celle-ci étant le résultat de points de vue différents.

3. Descartes dira, dans ses *Principes de la philosophie*, «que la première et principale cause de nos erreurs sont les préjugés de notre enfance». (In *Œuvres et lettres*, introduction, chronologie, bibliographie et notes d'André Bridoux, Bruges, Gallimard, coll. La Pléiade, 1966, p. 606.)

17. Il est vrai que nous ne voyons point qu'on jette par terre toutes les maisons d'une ville pour le seul dessein de les refaire d'autre façon et d'en rendre les rues plus belles ; mais on voit bien que plusieurs font abattre les leurs pour les rebâtir et que même quelquefois ils y sont contraints quand elles sont en danger de tomber d'elles-mêmes et que les fondements n'en sont pas bien fermes. À l'exemple de quoi je me persuadai qu'il n'y aurait véritablement point d'apparence[4] qu'un particulier fît dessein de réformer un État, en y changeant tout dès les fondements, et en le renversant pour le redresser ; ni même aussi de réformer le corps des sciences ou l'ordre établi dans les écoles pour les enseigner ; mais que, pour toutes les opinions que j'avais reçues jusques alors en ma **créance**, je ne pouvais mieux faire que d'entreprendre, une bonne fois, de les en ôter, afin d'y en remettre par après, ou d'autres meilleures, ou bien les mêmes, lorsque je les aurais ajustées au niveau de la raison[5]. Et je crus fermement que, par ce moyen, je réussirais à conduire ma vie beaucoup mieux que si je ne bâtissais que sur de vieux fondements, et que je ne m'appuyasse que sur les principes* que je m'étais laissé persuader en ma jeunesse, sans avoir jamais examiné s'ils étaient vrais. Car, bien que je remarquasse en ceci diverses difficultés, elles n'étaient point toutefois sans remède ni comparables à celles qui se trouvent en la **réformation** des moindres choses qui touchent le public. Ces grands corps sont trop malaisés à relever, étant abattus, ou même à retenir, étant ébranlés, et leurs chutes ne peuvent être que très rudes. Puis, pour leurs imperfections, s'ils en ont, comme la seule diversité qui est entre eux suffit pour assurer que plusieurs en ont, l'usage les a sans doute fort adoucies et même il en a évité ou corrigé insensiblement quantité auxquelles on ne pourrait si bien pourvoir par prudence. Et enfin, elles sont quasi toujours plus supportables que ne serait leur changement ; en même façon que

Créance Fait de croire en la vérité de quelque chose.

Réformation Réforme.

---

4. « Il n'y aurait véritablement point d'apparence » : il ne serait pas raisonnable, il ne serait pas logique.

5. Voir l'extrait IV de la section Morceaux choisis, page 105.

les grands chemins qui tournoient entre des montagnes deviennent peu à peu si unis et si commodes, à force d'être fréquentés, qu'il est beaucoup meilleur de les suivre que d'entreprendre d'aller plus droit, en grimpant au-dessus des rochers et descendant jusqu'au bas des précipices.

18. C'est pourquoi je ne saurais aucunement approuver ces humeurs brouillonnes et inquiètes qui, n'étant appelées ni par leur naissance ni par leur fortune au maniement des affaires publiques, ne laissent pas d'y faire toujours, en idée, quelque nouvelle réformation. Et si je pensais qu'il y eût la moindre chose en cet écrit par laquelle on me pût soupçonner de cette folie, je serais très **marri** de souffrir qu'il fût publié. Jamais mon dessein ne s'est étendu plus avant que de tâcher à réformer mes propres pensées et de bâtir dans un fonds qui est tout à moi. Que si, mon ouvrage m'ayant assez plu, je vous en fais voir ici le modèle, ce n'est pas pour cela que je veuille conseiller à personne de l'imiter. Ceux que Dieu a mieux partagés de ses grâces auront peut-être des **desseins** plus relevés, mais je crains bien que celui-ci ne soit déjà que trop **hardi** pour plusieurs. La seule résolution de se défaire de toutes les opinions qu'on a reçues auparavant en sa créance n'est pas un exemple que chacun doive suivre[6]; et le monde n'est quasi composé que de deux sortes d'esprits auxquels il ne convient aucunement. À savoir, de ceux qui, se croyant plus habiles qu'ils ne sont, ne se peuvent empêcher de précipiter[7] leurs jugements ni avoir assez de patience pour conduire par ordre toutes leurs pensées: d'où vient que, s'ils avaient une fois pris la liberté de douter des principes qu'ils ont reçus et de s'écarter du chemin commun, jamais ils ne pourraient tenir le sentier qu'il faut prendre pour aller plus

Marri Contrarié, triste.

Dessein Projet.

Hardi Audacieux, courageux.

6. Descartes ne présente pas le doute pour nous indiquer un exemple à suivre, mais simplement pour mieux faire connaître sa méthode. Il considère que plusieurs personnes (la majorité?) ne seraient pas assez fortes pour se mettre à douter de tout sans s'en trouver profondément ébranlées.

7. La précipitation s'oppose à la prudence; elle est l'erreur qui consiste à porter un jugement sans avoir atteint l'évidence. En étant précipité, on tire des conclusions trop rapidement, et on ne conduit pas sa pensée en ordre.

droit et demeureraient égarés toute leur vie ; puis de ceux qui, ayant assez de raison ou de modestie pour juger qu'ils sont moins capables de distinguer le vrai d'avec le faux que quelques autres par lesquels ils peuvent être instruits, doivent bien plutôt se contenter de suivre les opinions de ces autres qu'en chercher eux-mêmes de meilleures.

Docte Savant.

19. Et, pour moi, j'aurais été sans doute du nombre de ces derniers si je n'avais jamais eu qu'un seul maître, ou que je n'eusse point su les différences qui ont été de tout temps entre les opinions des plus **doctes**. Mais ayant appris, dès le collège, qu'on ne saurait rien imaginer de si étrange et si peu croyable qu'il n'ait été dit par quelqu'un des philosophes ; et depuis, en voyageant, ayant reconnu que tous ceux qui ont des sentiments fort contraires aux nôtres ne sont pas pour cela barbares ni sauvages, mais que plusieurs usent, autant ou plus que nous, de raison ; et ayant considéré combien un même homme, avec son même esprit, étant nourri dès son enfance entre des Français ou des Allemands, devient différent de ce qu'il serait s'il avait toujours vécu entre des Chinois ou des cannibales ; et comment, jusqu'aux modes de nos habits, la même chose qui nous a plu il y a dix ans, et qui nous plaira peut-être encore avant dix ans, nous semble maintenant extravagante et ridicule ; en sorte que c'est bien plus la coutume et l'exemple qui nous persuadent qu'aucune connaissance n'est certaine, et que néanmoins la pluralité des voix n'est pas une preuve qui vaille rien pour les vérités un peu malaisées à découvrir, à cause qu'il est bien plus vraisemblable qu'un homme seul les ait rencontrées que tout un peuple[8] ; je ne pouvais choisir personne dont les opinions me semblassent devoir être préférées à celles des autres, et je me trouvai comme contraint d'entreprendre moi-même de me conduire.

---

8. Socrate disait aussi qu'une opinion émise par une personne compétente avait plus de poids qu'une opinion sans fondement partagée par un grand nombre de personnes.

20. Mais, comme un homme qui marche seul et dans les ténèbres, je me résolus d'aller si lentement et d'user de tant de **circonspection** en toutes choses, que si je n'avançais que fort peu, je me garderais bien, au moins, de tomber. Même je ne voulus point commencer à rejeter tout à fait aucune des opinions qui s'étaient pu glisser autrefois en ma créance sans y avoir été introduites par la raison, que je n'eusse auparavant employé assez de temps à faire le projet de l'ouvrage que j'entreprenais, et à chercher la vraie **méthode*** pour parvenir à la connaissance de toutes les choses dont mon esprit serait capable.

Circonspection Prudence, précaution dont on entoure ses paroles ou ses actions.

21. J'avais un peu étudié, étant plus jeune, entre les parties de la philosophie, à la logique, et, entre les mathématiques, à l'analyse des géomètres et à l'algèbre, trois arts ou sciences qui semblaient devoir contribuer quelque chose à mon dessein. Mais, en les examinant, je pris garde que, pour la logique, ses syllogismes[9] et la plupart de ses autres instructions servent plutôt à expliquer à autrui les choses qu'on sait, ou même, comme l'art de Lulle[10], à parler sans jugement de celles qu'on ignore, qu'à les apprendre. Et bien qu'elle contienne, en effet, beaucoup de préceptes très vrais et très bons, il y en a toutefois tant d'autres mêlés parmi, qui sont ou nuisibles ou superflus, qu'il est presque aussi malaisé de les en séparer que de tirer une Diane ou une Minerve hors d'un bloc de marbre[11] qui

Méthode Ensemble des procédés et des moyens pour arriver à un résultat. Chez Descartes, démarche rationnelle de l'esprit pour arriver à la connaissance et à la vérité.

9. Un syllogisme est un raisonnement déductif composé de trois énoncés : la majeure, la mineure et la conclusion. Les deux premiers posés (les prémisses), le troisième (la conclusion) en découle nécessairement. Aristote a le premier introduit cette forme de raisonnement en logique, et la philosophie scolastique l'utilisait beaucoup. Descartes veut nous dire que ce n'est pas avec la logique et les syllogismes que nous apprendrons quelque chose de nouveau au sujet du monde.

10. Raymond Lulle, théologien et philosophe du XIIIᵉ siècle, était célèbre pour sa technique du discours, qui permettait à l'orateur de parler de choses inconnues comme s'il les connaissait bien.

11. Diane est la déesse romaine de la chasse et de la nature sauvage ; Minerve est la déesse romaine identifiée à Athéna, déesse grecque, symbole de la guerre, mais aussi de la raison. « De tirer une Diane ou une Minerve hors d'un bloc de marbre » : Descartes fait cette comparaison pour souligner qu'il est aussi difficile de dégager dans la logique de son temps les bonnes conclusions des mauvaises que pour un sculpteur de réaliser son œuvre à partir d'un bloc de marbre.

n'est point encore ébauché. Puis, pour l'analyse des anciens et l'algèbre des modernes, outre qu'elles ne s'étendent qu'à des matières fort abstraites et qui ne semblent d'aucun usage, la première est toujours si astreinte à la considération des figures qu'elle ne peut exercer l'entendement* sans fatiguer beaucoup l'imagination[12]; et on s'est tellement assujetti en la dernière à certaines règles et certains chiffres, qu'on en a fait un art confus et obscur qui embarrasse l'esprit, au lieu d'une science qui le cultive. Ce qui fut cause que je pensai qu'il fallait chercher quelque autre méthode qui, comprenant les avantages de ces trois, fût exempte de leurs défauts. Et comme la multitude des lois fournit souvent des excuses aux vices, en sorte qu'un État est bien mieux réglé lorsque, n'en ayant que fort peu, elles y sont fort étroitement observées; ainsi, au lieu de ce grand nombre de préceptes dont la logique est composée, je crus que j'aurais assez des quatre suivants, pourvu que je prisse une ferme et constante résolution de ne manquer pas une seule fois à les observer[13].

22. Le premier était de ne recevoir jamais aucune chose pour vraie que je ne la connusse évidemment* être telle, c'est-à-dire d'éviter soigneusement la précipitation et la prévention[14], et de ne comprendre rien de plus en mes jugements que ce qui se présenterait si clairement* et si distinctement* à mon esprit que je n'eusse aucune occasion de le mettre en doute.

23. Le second, de diviser chacune des difficultés que j'examinerais en autant de parcelles qu'il se pourrait et qu'il serait requis pour les mieux résoudre.

---

12. Descartes fait référence aux géomètres grecs; la géométrie analytique n'ayant pas encore été inventée, les mathématiciens doivent travailler directement sur les figures, sans le support de la notation algébrique.

13. Dans ce qui suit, Descartes posera les quatre règles de la méthode.

14. Descartes nous a déjà parlé de la précipitation au paragraphe 18. La prévention est un préjugé lié la plupart du temps aux impressions de notre enfance et à l'éducation reçue.

24. Le troisième, de conduire par ordre mes pensées, en commençant par les objets les plus simples et les plus aisés à connaître, pour monter peu à peu, comme par degrés, jusqu'à la connaissance des plus composés ; et supposant même de l'ordre entre ceux qui ne se précèdent point naturellement les uns les autres[15].

25. Et le dernier de faire partout des **dénombrements** si entiers et des revues si générales que je fusse assuré de ne rien omettre.

Dénombrement
Inventaire, énumération.

26. Ces longues chaînes de raisons, toutes simples et faciles, dont les géomètres ont coutume de se servir pour parvenir à leurs plus difficiles démonstrations, m'avaient donné occasion de m'imaginer que toutes les choses qui peuvent tomber sous la connaissance des hommes s'entresuivent en même façon et que, pourvu seulement qu'on s'abstienne d'en recevoir aucune pour vraie qui ne le soit, et qu'on garde toujours l'ordre qu'il faut[16] pour les déduire* les unes des autres, il n'y en peut avoir de si éloignées auxquelles enfin on ne parvienne, ni de si cachées qu'on ne découvre. Et je ne fus pas beaucoup en peine de chercher par lesquelles il était besoin de commencer, car je savais déjà que c'était par les plus simples et les plus aisées à connaître ; et considérant qu'entre tous ceux qui ont ci-devant recherché la vérité dans les sciences, il n'y a eu que les seuls mathématiciens qui ont pu trouver quelques démonstrations, c'est-à-dire quelques raisons certaines et évidentes, je ne doutais point que ce ne fût par les mêmes qu'ils ont examinées ; bien que je n'en espérasse aucune autre utilité, sinon qu'elles accoutumeraient mon esprit à se repaître de vérités[17] et ne se contenter point de fausses raisons. Mais je n'eus pas dessein,

---

15. Parfois, l'ordre qu'on doit retenir pour exprimer nos pensées s'impose à nous facilement ; il arrive aussi qu'on doive poser un certain ordre, quitte à le modifier par la suite.

16. Voir l'extrait V de la section Morceaux choisis, page 106.

17. Descartes voulait habituer son esprit à se nourrir de vérités pour qu'ensuite aucune fausseté ne lui échappe.

pour cela, de tâcher d'apprendre toutes ces sciences particulières qu'on nomme communément mathématiques[18]; et voyant qu'encore que leurs objets soient différents, elles ne laissent pas de s'accorder toutes, en ce qu'elles n'y considèrent autre chose que les divers rapports ou proportions qui s'y trouvent, je pensai qu'il valait mieux que j'examinasse seulement ces proportions en général, et sans les supposer que dans les sujets qui serviraient à m'en rendre la connaissance plus aisée; même aussi sans les y astreindre aucunement, afin de les pouvoir d'autant mieux appliquer après à tous les autres auxquels elles conviendraient. Puis, ayant pris garde que, pour les connaître, j'aurais quelquefois besoin de les considérer chacune en particulier, et quelquefois seulement de les retenir ou de les comprendre plusieurs ensemble, je pensai que, pour les considérer mieux en particulier, je les devais supposer en des lignes, à cause que je ne trouvais rien de plus simple ni que je pusse plus distinctement représenter à mon imagination et à mes sens; mais que, pour les retenir ou les comprendre plusieurs ensemble, il fallait que je les expliquasse par quelques chiffres, les plus courts qu'il serait possible; et que, par ce moyen, j'emprunterais tout le meilleur de l'analyse géométrique et de l'algèbre, et corrigerais tous les défauts de l'une par l'autre[19].

27. Comme, en effet, j'ose dire que l'exacte observation de ce peu de préceptes que j'avais choisis me donna telle facilité à démêler toutes les questions auxquelles ces deux sciences s'étendent, qu'en deux ou trois mois que j'employai à les examiner, ayant commencé par les plus simples et plus générales et chaque vérité que je trouvais étant une règle qui me servait après à en trouver d'autres, non seulement je vins à bout de plusieurs que j'avais jugées

---

18. On distinguait à cette époque les mathématiques pures, par exemple l'arithmétique et la géométrie, et les mathématiques mixtes, dont l'astronomie, la musique, l'optique, la mécanique, etc.

19. Descartes a en effet fondé la géométrie analytique en utilisant l'algèbre et la géométrie qui existaient déjà en son temps, mais en les combinant de façon nouvelle.

autrefois très difficiles, mais il me sembla aussi vers la fin que je pouvais déterminer, en celles même que j'ignorais, par quels moyens et jusqu'où il était possible de les résoudre. En quoi je ne vous paraîtrai peut-être pas être fort vain, si vous considérez que, n'y ayant qu'une vérité de chaque chose, quiconque la trouve en sait autant qu'on en peut savoir ; et que, par exemple, un enfant instruit en l'arithmétique, ayant fait une addition suivant ses règles, se peut assurer d'avoir trouvé, touchant la somme qu'il examinait, tout ce que l'esprit humain saurait trouver. Car enfin la méthode* qui enseigne à suivre le vrai ordre, et à dénombrer exactement toutes les circonstances de ce qu'on cherche, contient tout ce qui donne de la certitude aux règles d'arithmétique.

28. Mais ce qui me contentait le plus de cette méthode était que, par elle, j'étais assuré d'user en tout de ma raison, sinon parfaitement, au moins le mieux qui fût en mon pouvoir ; outre que je sentais, en la pratiquant, que mon esprit s'accoutumait peu à peu à concevoir plus nettement et plus distinctement* ses objets, et que, ne l'ayant point assujettie à aucune matière particulière, je me promettais de l'appliquer aussi utilement aux difficultés des autres sciences que j'avais fait à celles de l'algèbre. Non que, pour cela, j'osasse entreprendre d'abord d'examiner toutes celles qui se présenteraient, car cela même eût été contraire à l'ordre qu'elle prescrit. Mais, ayant pris

La géométrie. Allégorie. Gravure, XVIIe siècle. BN.

garde que leurs principes* devaient tous être empruntés de la philosophie, en laquelle je n'en trouvais point encore de certains*, je pensai qu'il fallait, avant tout, que je tâchasse d'y en établir; et que, cela étant la chose du monde la plus importante, et où la précipitation et la prévention étaient le plus à craindre, je ne devais point entreprendre d'en venir à bout que je n'eusse atteint un âge bien plus mûr que celui de vingt-trois ans, que j'avais alors; et que je n'eusse, auparavant, employé beaucoup de temps à m'y préparer, tant en déracinant de mon esprit toutes les mauvaises opinions que j'y avais reçues avant ce temps-là, qu'en faisant amas de plusieurs expériences pour être après la matière de mes raisonnements, et en m'exerçant toujours en la méthode que je m'étais prescrite, afin de m'y affermir de plus en plus.

EXERCICES D'ANALYSE

ET DE COMPRÉHENSION, DEUXIÈME PARTIE

Paragraphe 16
1. Descartes donne cinq exemples qui justifient son affirmation «que souvent il n'y a pas tant de perfection dans les ouvrages composés de plusieurs pièces et faits de la main de divers maîtres, qu'en ceux auxquels un seul a travaillé»; énumérez ces exemples.
2. Repérez la conclusion de ce paragraphe et expliquez-la.

Paragraphe 17
1. Expliquez la position de Descartes selon laquelle il n'est pas souhaitable de faire de profonds bouleversements dans l'ordre social.
2. Descartes adopte-t-il la même position en ce qui concerne l'individu? Commentez.

Paragraphe 18
1. Reformulez en vos propres mots l'objectif (le «dessein») poursuivi par Descartes dans sa recherche intellectuelle.
2. Descartes se propose-t-il comme modèle à suivre? Expliquez pourquoi.

3. Décrivez les deux sortes d'esprit dont est «quasi composé» le monde selon Descartes.

Paragraphe 19
1. Énumérez les raisons pour lesquelles Descartes se croit différent de ces «deux sortes d'esprits» dont il parle au paragraphe 18.
2. «[…] [la] pluralité des voix n'est pas une preuve qui vaille rien pour les vérités un peu malaisées à découvrir, à cause qu'il est bien plus vraisemblable qu'un homme seul les ait rencontrées que tout un peuple.» Commentez cette citation en vous servant de ce que disait Socrate à ce propos.
3. Résumez les raisons qui amènent Descartes à conclure: «je me trouvai comme contraint d'entreprendre moi-même de me conduire».

Paragraphe 20
Expliquez la fonction de ce paragraphe.

Paragraphe 21
Énumérez les sciences dont Descartes croit pouvoir s'inspirer pour réaliser son projet. Quelles critiques leur fait-il cependant?

Paragraphes 22 à 25
Donnez un titre à chacun de ces paragraphes, qui décrivent les quatre règles de la méthode.

Paragraphe 26
Expliquez pourquoi, selon Descartes, les mathématiques constituent la science qui peut le plus nous rapprocher de la vérité.

Paragraphe 27
Expliquez comment, dans ce paragraphe, Descartes en vient à cette affirmation: «Car enfin la méthode qui enseigne à suivre le vrai ordre, et à dénombrer exactement toutes les circonstances de ce qu'on cherche, contient tout ce qui donne de la certitude aux règles d'arithmétique.»

Paragraphe 28
Repérez la conclusion de ce paragraphe et expliquez-la.

QUESTIONS

D'ENSEMBLE

1. Quel est le thème de cette deuxième partie? Quelle en est l'idée principale?

2. Résumez en un maximum de deux phrases
  a) les paragraphes 16 et 17;
  b) les paragraphes 18 à 25;
  c) les paragraphes 26 à 38.
  En résumant, assurez-vous de faire le lien entre chacun des trois groupes de paragraphes.

3. Expliquez la méthode que Descartes met de l'avant. Rédigez un texte suivi, en répondant aux questions suivantes:
  a) D'abord, comment Descartes en vient-il à penser qu'une seule personne peut constituer une telle méthode?
  b) Descartes se présente-t-il comme un révolutionnaire qui veut tout bouleverser? Pourquoi?
  c) Propose-t-il sa méthode comme un modèle à suivre?
  d) En appliquant les quatre règles qu'il se donne, parvient-il à un résultat?
  e) Pourquoi sent-il le besoin d'attendre avant de s'avancer davantage dans l'application de sa méthode?

4. Appliquez les quatre règles de la méthode à un problème que vous avez eu à résoudre. Ces règles vous semblent-elles utiles? complètes?

5. Dans cette deuxième partie, Descartes fait l'apologie du travail individuel: «souvent il n'y a pas tant de perfection dans les ouvrages composés de plusieurs pièces et faits de la main de divers maîtres, qu'en ceux auxquels un seul a travaillé» (paragraphe 16). Commentez en comparant avec notre époque, où le travail en équipe, par exemple en sciences, devient une nécessité.

TROISIÈME PARTIE
QUELQUES RÈGLES DE LA MORALE
TIRÉES DE LA MÉTHODE

29. Et enfin, comme ce n'est pas assez, avant de commencer à rebâtir le logis où on demeure, que de l'abattre et de faire provision de matériaux et d'architectes, ou s'exercer soi-même à l'architecture, et outre cela d'en avoir soigneusement tracé le dessin, mais qu'il faut aussi s'être pourvu de quelque autre où on puisse être logé commodément pendant le temps qu'on y travaillera ; ainsi, afin que je ne demeurasse point **irrésolu** en mes actions, pendant que la raison m'obligerait de l'être en mes jugements, et que je ne laissasse pas de vivre dès lors le plus heureusement que je pourrais, je me formai une **morale*** **par provision**, qui ne consistait qu'en trois ou quatre maximes dont je veux bien vous faire part[1].

CONFORMISME

30. La première était d'obéir aux lois et aux coutumes de mon pays, retenant constamment la religion en laquelle Dieu m'a fait la grâce d'être instruit dès mon enfance, et me gouvernant en toute autre chose suivant les opinions les plus modérées et les plus éloignées de l'excès, qui fussent communément reçues en pratique par les mieux sensés de ceux avec lesquels j'aurais à vivre. Car, commençant dès lors à ne compter pour rien les miennes propres, à cause que je les voulais remettre toutes à l'examen, j'étais

Irrésolu Indécis, qui a de la difficulté à prendre des décisions.

Morale Ensemble des règles, des obligations et des valeurs reconnues dans une société donnée.

Par provision Provisoirement, en attendant de bâtir une morale définitive.

---

1. Descartes établit une grande différence concernant la conduite de la vie et la connaissance : il se dote d'une morale provisoire, c'est-à-dire qu'il se donne des règles pour agir en attendant qu'il ait pu établir les fondements de la connaissance de façon certaine. Il n'aime pas l'irrésolution, cette incapacité à prendre une décision concernant les choses urgentes de la vie. Lorsqu'il aura consolidé l'édifice de la raison, il pourra établir une morale définitive, selon les principes* de la raison. Il écrit de l'homme qui cherche la vérité qu'il «doit, avant tout, tâcher de se former une morale qui puisse suffire pour régler les actions de sa vie, à cause que cela ne souffre point de délai, et que nous devons surtout tâcher de bien vivre ». *Principes de la philosophie* in *Œuvres et lettres*, introduction, chronologie, bibliographie et notes d'André Bridoux, Bruges, Gallimard, coll. La Pléiade, 1966, p. 565. Voir l'extrait VI de la section Morceaux choisis, page 107.

assuré de ne pouvoir mieux que de suivre celles des mieux sensés. Et encore qu'il y en ait peut-être d'aussi bien sensés parmi les Perses ou les Chinois que parmi nous, il me semblait que le plus utile était de me régler selon ceux avec lesquels j'aurais à vivre ; et que, pour savoir quelles étaient véritablement leurs opinions, je devais plutôt prendre garde à ce qu'ils pratiquaient qu'à ce qu'ils disaient ; non seulement à cause qu'en la corruption de nos mœurs il y a peu de gens qui veuillent dire tout ce qu'ils croient, mais aussi à cause que plusieurs l'ignorent eux-mêmes ; car l'action de la pensée par laquelle on croit une chose étant différente de celle par laquelle on connaît qu'on la croit, elles sont souvent l'une sans l'autre. Et, entre plusieurs opinions également reçues, je ne choisissais que les plus modérées : tant à cause que ce sont toujours les plus commodes pour la pratique et vraisemblablement les meilleures, tous excès ayant coutume d'être mauvais ; comme aussi afin de me détourner moins du vrai chemin en cas que je faillisse, que si, ayant choisi l'un des extrêmes, ç'eût été l'autre qu'il eût fallu suivre. Et, particulièrement, je mettais entre les excès toutes les promesses par lesquelles on retranche quelque chose de sa liberté[2]. Non que je désapprouvasse les lois qui, pour remédier à l'**inconstance** des esprits faibles, permettent, lorsqu'on a quelque bon dessein ou même, pour la sûreté du commerce, quelque dessein qui n'est qu'indifférent, qu'on fasse des vœux ou des contrats qui obligent à y persévérer ; mais à cause que je ne voyais au monde aucune chose qui demeurât toujours en même état et que, pour mon particulier, je me promettais de perfectionner de plus en plus mes jugements et non point de les rendre pires, j'eusse pensé commettre une grande faute contre le bon sens si, pour ce que j'approuvais alors quelque chose, je me fusse obligé de la prendre pour bonne encore après, lorsqu'elle aurait peut-être cessé de l'être, ou que j'aurais cessé de l'estimer telle.

Inconstance Instabilité.

---

2. « On retranche quelque chose de sa liberté » : on perd la possibilité, par exemple, de changer par la suite d'avis.

31. Ma seconde maxime était d'être le plus ferme et le plus résolu en mes actions que je pourrais, et de ne suivre pas moins constamment les opinions les plus douteuses, lorsque je m'y serais une fois déterminé, que si elles eussent été très assurées. Imitant en ceci les voyageurs qui, se trouvant égarés en quelque forêt, ne doivent pas errer en tournoyant tantôt d'un côté, tantôt d'un autre, ni encore moins s'arrêter en une place, mais marcher toujours le plus droit qu'ils peuvent vers un même côté et ne le changer point pour de faibles raisons, encore que ce n'ait peut-être été au commencement que le hasard seul qui les ait déterminés à le choisir : car, par ce moyen, s'ils ne vont justement où ils désirent, ils arriveront au moins à la fin quelque part où vraisemblablement ils seront mieux que dans le milieu d'une forêt. Et ainsi, les actions de la vie ne souffrant souvent aucun délai[3], c'est une vérité très certaine que, lorsqu'il n'est pas en notre pouvoir de **discerner** les plus vraies opinions, nous devons suivre les plus probables ; et même qu'encore que nous ne remarquions point davantage de probabilité aux unes qu'aux autres, nous devons néanmoins nous déterminer à quelques-unes et les considérer après, non plus comme douteuses en tant qu'elles se rapportent à la pratique, mais comme très vraies et très certaines, à cause que la raison qui nous y a fait déterminer se trouve telle. Et ceci fut capable dès lors de me délivrer de tous les **repentirs** et les remords qui ont coutume d'agiter les consciences de ces esprits faibles et chancelants, qui se laissent aller inconstamment à pratiquer comme bonnes les choses qu'ils jugent après être mauvaises.

Stoïcisme

32. Ma troisième maxime était de tâcher toujours plutôt à me vaincre que la **fortune**[4], et à changer

Discerner Distinguer, identifier.

Repentir Regret accompagné d'un désir de réparation.

aller voir **Fortune** Destin. *p. 108 7.1*

---

3. C'est la différence entre la morale provisoire et le doute radical que pratiquera Descartes sur le plan intellectuel : il faut agir et prendre des décisions pour la vie pratique, alors que, pour la réflexion et la recherche, on doit éviter la précipitation et prendre son temps.

4. « Tâcher toujours plutôt à me vaincre que la fortune » : tâcher de me changer moi-même plutôt que d'essayer de changer le destin. Cette maxime nous fait penser à la morale stoïcienne, selon laquelle il vaut mieux modifier ses désirs et ses objectifs plutôt que de souhaiter changer le monde pour qu'il corresponde à nos volontés.

mes désirs que l'ordre du monde; et généralement de m'accoutumer à croire qu'il n'y a rien qui soit entièrement en notre pouvoir que nos pensées, en sorte qu'après que nous avons fait notre mieux touchant les choses qui nous sont extérieures, tout ce qui manque de nous réussir[5] est, au regard de nous, absolument impossible. Et ceci seul me semblait être suffisant pour m'empêcher de rien désirer à l'avenir que je n'acquisse[6] et ainsi pour me rendre content : car notre volonté ne se portant naturellement à désirer que les choses que notre **entendement**** lui représente en quelque façon comme possibles, il est certain que si nous considérons tous les biens qui sont hors de nous comme également éloignés de notre pouvoir, nous n'aurons pas plus de regrets de manquer de ceux qui semblent être dus à notre naissance, lorsque nous en serons privés sans notre faute, que nous avons de ne posséder pas les royaumes de la Chine ou de Mexique ; et que faisant, comme on dit, de nécessité vertu, nous ne désirerons pas davantage d'être sains étant malades ou d'être libres étant en prison, que nous faisons maintenant d'avoir des corps d'une matière aussi peu **corruptible** que les diamants ou des ailes pour voler comme les oiseaux. Mais j'avoue qu'il est besoin d'un long exercice et d'une méditation souvent **réitérée** pour s'accoutumer à regarder de ce biais toutes les choses ; et je crois que c'est principalement en ceci que consistait le secret de ces philosophes qui ont pu autrefois se soustraire de l'empire de la fortune et, malgré les douleurs et la pauvreté, disputer de la **félicité** avec leurs dieux[7]. Car, s'occupant sans cesse à considérer les bornes qui leur étaient

Entendement Faculté de connaître, de comprendre.

Corruptible Susceptible d'être altéré, transformé.

Réitéré Recommencé, refait.

Félicité Bonheur complet.

5. « Tout ce qui manque de nous réussir » : tout ce qui nous échappe, tout ce sur quoi nous n'avons pas de contrôle.

6. « Rien désirer à l'avenir que je n'acquisse » : ne pas désirer des choses impossibles à atteindre. Épictète, philosophe stoïcien*, disait : « Ne demande pas que ce qui arrive arrive comme tu veux ; veuille que les choses arrivent comme elles arrivent, et tu seras à l'aise. » (*Manuel*, trad. de Marcel Caster, Paris, Payot et Rivages, 1994, p. 25 ; voir l'extrait VII de la section Morceaux choisis, page 108.)

7. « Disputer de la félicité avec leurs dieux » : discuter du bonheur. Descartes rappelle que, selon la philosophie stoïcienne, l'être humain qui se rapproche de plus en plus de la sagesse peut en venir à égaler un dieu.

prescrites par la nature, ils se persuadaient si parfaitement que rien n'était en leur pouvoir que leurs pensées, que cela seul était suffisant pour les empêcher d'avoir aucune affection pour d'autres choses ; et ils disposaient d'elles si absolument qu'ils avaient en cela quelque raison de s'estimer plus riches, et plus puissants, et plus libres, et plus heureux qu'aucun des autres hommes qui, n'ayant point cette philosophie, tant favorisés de la nature et de la fortune qu'ils puissent être, ne disposent jamais ainsi de tout ce qu'ils veulent.

33. Enfin, pour conclusion de cette morale, je m'avisai de faire une revue sur les diverses occupations qu'ont les hommes en cette vie, pour tâcher à faire choix de la meilleure ; et, sans que je veuille rien dire de celles des autres, je pensai que je ne pouvais mieux que de continuer en celle-là même où je me trouvais, c'est-à-dire que d'employer toute ma vie à cultiver ma raison et m'avancer, autant que je pourrais, en la connaissance de la vérité, suivant la méthode* que je m'étais prescrite. J'avais éprouvé de si extrêmes contentements depuis que j'avais commencé à me servir de cette méthode, que je ne croyais pas qu'on en pût recevoir de plus doux, ni de plus innocents, en cette vie ; et découvrant tous les jours par son moyen quelques vérités qui me semblaient assez importantes et communément ignorées des autres hommes, la satisfaction que j'en avais remplissait tellement mon esprit que tout le reste ne me touchait point. Outre que les trois maximes précédentes n'étaient fondées que sur le dessein que j'avais de continuer à m'instruire ; car Dieu nous ayant donné à chacun quelque **lumière** pour discerner le vrai d'avec le faux, je n'eusse pas cru me devoir contenter des opinions d'autrui un seul moment, si je ne me fusse proposé d'employer mon propre jugement à les examiner lorsqu'il serait temps ; et je n'eusse su m'exempter de scrupule en les suivant, si je n'eusse espéré de ne perdre pour cela aucune occasion d'en trouver de meilleures, en cas qu'il y en eût. Et enfin je n'eusse su borner mes désirs,

Lumière Intelligence, capacité à comprendre.

ni être content, si je n'eusse suivi un chemin par lequel, pensant être assuré de l'acquisition de toutes les connaissances dont je serais capable, je le pensais être, par même moyen, de celle de tous les vrais biens qui seraient jamais en mon pouvoir ; d'autant que, notre volonté ne se portant à suivre ni à fuir aucune chose, que selon que notre entendement lui représente bonne ou mauvaise, il suffit de bien juger pour bien faire, et de juger le mieux qu'on puisse pour faire aussi tout son mieux, c'est-à-dire pour acquérir toutes les vertus et ensemble tous les autres biens qu'on puisse acquérir ; et lorsqu'on est certain que cela est, on ne saurait manquer d'être content.

34. Après m'être ainsi assuré de ces maximes et les avoir mises à part avec les vérités de la foi, qui ont toujours été les premières en ma **créance**[8], je jugeai que, pour tout le reste de mes opinions, je pouvais librement entreprendre de m'en défaire. Et d'autant que j'espérais en pouvoir mieux venir à bout en conversant avec les hommes, qu'en demeurant plus longtemps renfermé dans le poêle où j'avais eu toutes ces pensées ; l'hiver n'était pas encore bien achevé que je me remis à voyager. Et en toutes les neuf années suivantes[9], je ne fis autre chose que rouler çà et là dans le monde, tâchant d'y être spectateur plutôt qu'acteur en toutes les comédies qui s'y jouent ; et, faisant particulièrement réflexion, en chaque matière, sur ce qui la pouvait rendre suspecte et nous donner occasion de nous **méprendre**, je déracinais cependant de mon esprit toutes les erreurs qui s'y étaient pu glisser auparavant. Non que j'imitasse pour cela les sceptiques*[10], qui ne doutent que pour douter et **affectent** d'être toujours irrésolus : car, au

Créance Fait de croire en la vérité de quelque chose.

Méprendre Se tromper.

Affecter Faire semblant de.

---

8. Descartes veut dire que la foi en Dieu est la plus importante de toutes les choses auxquelles il croit.

9. De 1619 à 1628, Descartes est en Hollande.

10. Descartes ne veut pas adopter une attitude sceptique, qui d'ailleurs était assez courante à l'époque ; il veut, comme on le verra aussi dans la quatrième partie, se servir du doute comme d'un moyen pour bâtir l'édifice du savoir sur des fondements solides et assurés.

contraire, tout mon dessein ne tendait qu'à m'assurer et à rejeter la terre mouvante et le sable pour trouver le roc ou l'argile. Ce qui me réussissait, ce me semble, assez bien, d'autant que, tâchant à découvrir la fausseté ou l'incertitude des propositions que j'examinais, non par de faibles **conjectures**, mais par des raisonnements clairs et assurés, je n'en rencontrais point de si douteuses que je n'en tirasse toujours quelque conclusion assez certaine, quand ce n'eût été que cela même qu'elle ne contenait rien de certain. Et, comme en abattant un vieux logis on en réserve ordinairement les démolitions pour servir à en bâtir un nouveau, ainsi, en détruisant toutes celles de mes opinions que je jugeais être mal fondées, je faisais diverses observations et acquérais plusieurs expériences qui m'ont servi depuis à en établir de plus certaines. Et de plus, je continuais à m'exercer en la méthode que je m'étais prescrite ; car, outre que j'avais soin de conduire généralement toutes mes pensées selon ses règles, je me réservais de temps en temps quelques heures que j'employais particulièrement à la pratiquer en des difficultés de mathématique, ou même aussi en quelques autres que je pouvais rendre quasi semblables à celles des mathématiques, en les détachant de tous les principes des autres sciences, que je ne trouvais pas assez fermes, comme vous verrez que j'ai fait en plusieurs qui sont expliquées en ce volume[11]. Et ainsi, sans vivre d'autre façon en apparence que ceux qui, n'ayant aucun emploi qu'à passer une vie douce et innocente, s'étudient à séparer les plaisirs des vices et qui, pour jouir de leur loisir sans s'ennuyer, usent de tous les divertissements qui sont honnêtes, je ne laissais pas de poursuivre en mon dessein et de profiter en la connaissance de la vérité, peut-être plus que si je n'eusse fait que lire des livres ou fréquenter des gens de lettres[12].

Conjecture Opinion fondée sur des probabilités.

---

11. Le *Discours de la méthode* était la préface de trois essais de Descartes : la *Dioptrique*, les *Météores* et la *Géométrie*. Il voulait ainsi illustrer comment sa méthode pouvait être utile.

12. Descartes accordait beaucoup d'importance à ses loisirs, à la flânerie, au repos, conditions et sources de ses réflexions.

Courre Courir, ébruiter.

Ingénument De façon
naïve.

35. Toutefois, ces neuf ans s'écoulèrent
avant que j'eusse encore pris aucun parti touchant les difficultés qui ont coutume d'être disputées entre les doctes,
ni commencé à chercher les fondements* d'aucune philosophie plus certaine que la vulgaire[13]. Et l'exemple de plusieurs excellents esprits qui, en ayant eu ci-devant le dessein, me semblaient n'y avoir pas réussi m'y faisait imaginer
tant de difficulté, que je n'eusse peut-être pas encore sitôt
osé l'entreprendre si je n'eusse vu que quelques-uns faisaient déjà **courre** le bruit que j'en étais venu à bout. Je ne
saurais pas dire sur quoi ils fondaient cette opinion; et si
j'y ai contribué quelque chose par mes discours, ce doit
avoir été en confessant plus **ingénument** ce que j'ignorais
que n'ont coutume de faire ceux qui ont un peu étudié, et
peut-être aussi en faisant voir les raisons que j'avais de
douter de beaucoup de choses que les autres estiment certaines, plutôt qu'en me vantant d'aucune doctrine. Mais
ayant le cœur assez bon pour ne vouloir point qu'on me
prît pour autre que je n'étais, je pensai qu'il fallait que je
tâchasse, par tous moyens, à me rendre digne de la réputation qu'on me donnait; et il y a justement huit ans que
ce désir me fit résoudre à m'éloigner de tous les lieux où
je pouvais avoir des connaissances et à me retirer ici[14], en
un pays où la longue durée de la guerre a fait établir de
tels ordres, que les armées qu'on y entretient ne semblent
servir qu'à faire qu'on y jouisse des fruits de la paix avec
d'autant plus de sûreté, et où parmi la foule d'un grand
peuple fort actif et plus soigneux de ses propres affaires,
que curieux de celles d'autrui, sans manquer d'aucune des
commodités qui sont dans les villes les plus fréquentées,
j'ai pu vivre aussi solitaire et retiré que dans les déserts les
plus écartés.

---

13. La philosophie vulgaire : la philosophie commune, celle qui s'enseigne couramment, c'est-
à-dire, au temps de Descartes, la philosophie scolastique.

14. En Hollande.

EXERCICES D'ANALYSE

ET DE COMPRÉHENSION, TROISIÈME PARTIE

Paragraphe 29
Expliquez la comparaison que fait Descartes avec l'architecture dans ce paragraphe.

Paragraphe 30
1. Énoncez la première maxime de la morale provisoire.
2. Énumérez les raisons que donne Descartes pour justifier son choix d'adhérer aux opinions les plus modérées.
3. Cela vous semble-t-il conforme avec ce qu'il affirmait au paragraphe 17? Justifiez votre réponse.
4. « [...] l'action de la pensée par laquelle on croit une chose étant différente de celle par laquelle on connaît qu'on la croit, elles sont souvent l'une sans l'autre.» Reformulez cette citation de Descartes; ensuite, donnez un exemple personnel pour illustrer la différence dont parle Descartes.
5. Expliquez la conception de la liberté qu'évoque Descartes dans cette phrase: « [...] je mettais entre les excès toutes les promesses par lesquelles on retranche quelque chose de sa liberté.»

Paragraphe 31
1. Énoncez la deuxième maxime de la morale provisoire.
2. Expliquez la comparaison que fait Descartes avec le voyageur dans ce paragraphe.

Paragraphe 32
1. Énoncez la troisième maxime de la morale provisoire.
2. En quoi cette maxime pouvait-elle rendre Descartes heureux?
3. Expliquez et commentez l'expression suivante: «faisant, comme on dit, de nécessité vertu».

Paragraphe 33
1. Résumez la conclusion de cette morale provisoire.
2. «Notre volonté ne se portant à suivre ni à fuir aucune chose, que selon que notre entendement lui représente bonne ou mauvaise, il suffit de bien juger

pour bien faire, et de juger le mieux qu'on puisse pour faire aussi tout son mieux, c'est-à-dire pour acquérir toutes les vertus et ensemble tous les autres biens qu'on puisse acquérir. » Expliquez cette citation de Descartes et commentez : est-il vrai de dire qu'il suffit de « bien juger pour bien faire » ?

Paragraphe 34
Expliquez la distinction qu'établit Descartes entre l'attitude sceptique et le doute qu'il veut pratiquer.

Paragraphe 35
Résumez ce paragraphe en un maximum de deux phrases.

QUESTIONS
D'ENSEMBLE

1. Quel est le thème de cette troisième partie ? Quelle en est l'idée principale ?

2. Résumez en un maximum de deux phrases
   a) le paragraphe 29 ;
   b) les paragraphes 34 et 35.
   Assurez-vous de faire le lien entre vos deux résumés.

3. Résumez la morale provisoire qu'adopte Descartes. Pour ce faire, vous devez
   a) expliquer pourquoi il se dote d'une telle morale ;
   b) résumer brièvement chacune de ses règles ;
   c) conclure en montrant comment il se sent alors prêt à pousser plus avant sa recherche de la vérité.

QUATRIÈME PARTIE
PREUVES DE L'EXISTENCE DE DIEU ET DE L'ÂME HUMAINE OU FONDEMENTS DE LA MÉTAPHYSIQUE

36. Je ne sais pas si je dois vous entretenir des premières méditations que j'y ai faites, car elles sont si métaphysiques[1] et si peu communes qu'elles ne seront peut-être pas au goût de tout le monde. Et toutefois, afin qu'on puisse juger si les fondements que j'ai pris sont assez fermes, je me trouve en quelque façon contraint d'en parler. J'avais dès longtemps remarqué que, pour les mœurs, il est besoin quelquefois de suivre des opinions qu'on sait être fort incertaines, tout de même que si elles étaient **indubitables**, ainsi qu'il a été dit ci-dessus[2]; mais pour ce qu'alors je désirais vaquer seulement à la recherche de la vérité*, je pensai qu'il fallait que je fisse tout le contraire, et que je rejetasse comme absolument faux tout ce en quoi je pourrais imaginer le moindre doute, afin de voir s'il ne resterait point, après cela, quelque chose en ma créance qui fût entièrement indubitable[3]. Ainsi, à cause que nos sens nous trompent quelquefois, je voulus supposer qu'il n'y avait aucune chose qui fût telle qu'ils nous la font imaginer. Et pour ce qu'il y a des hommes qui se méprennent en raisonnant, même touchant les plus simples matières de géométrie, et y font des **paralogismes**, jugeant que j'étais sujet à faillir autant qu'aucun autre, je rejetai comme fausses toutes les raisons que j'avais prises auparavant pour démonstrations. Et enfin, considérant que toutes les mêmes pensées que nous avons étant éveillés nous peuvent aussi venir quand nous dormons sans qu'il y en ait aucune pour lors qui soit vraie, je me

Indubitable Dont on ne peut pas douter.

Paralogisme Erreur de logique. Le paralogisme est un raisonnement faux qui, contrairement au sophisme, est fait de bonne foi.

---

1. Descartes utilise ici le mot métaphysique au sens d'inusité, de difficile à saisir.
2. Descartes se réfère à la deuxième maxime de la morale provisoire, paragraphe 31.
3. Le sens du doute cartésien est de remettre en question toutes les certitudes acquises, pour être en mesure d'établir une vérité dont on ne puisse absolument plus douter. Comparez avec ce que dit Descartes à l'extrait IX de la section Morceaux choisis, page 111.

Feindre Imaginer, faire comme si.

résolu de **feindre**[4] que toutes les choses qui m'étaient jamais entrées en l'esprit n'étaient non plus vraies que les illusions de mes songes. Mais, aussitôt après, je pris garde que, pendant que je voulais ainsi penser que tout était faux, il fallait nécessairement que moi, qui le pensais, fusse quelque chose. Et remarquant que cette vérité, *Je pense, donc je suis*[5], était si ferme et si assurée que toutes les plus extravagantes suppositions des sceptiques* n'étaient pas capables de l'ébranler, je jugeai que je pouvais la recevoir, sans scrupule, pour le premier principe* de la philosophie que je cherchais.

37. Puis, examinant avec attention ce que j'étais, et voyant que je pouvais feindre que je n'avais aucun corps et qu'il n'y avait aucun monde, ni aucun lieu où je fusse, mais que je ne pouvais pas feindre, pour cela, que je n'étais point; et qu'au contraire, de cela même que je pensais à douter de la vérité des autres choses, il suivait très évidemment et très certainement que j'étais; au lieu que, si j'eusse seulement cessé de penser, encore que tout le reste de ce que j'avais jamais imaginé eût été vrai, je n'avais aucune raison de croire que j'eusse été; je connus

Essence Ce qui définit un être, un individu (la pensée chez l'être humain, par exemple) par opposition aux qualités accidentelles (la couleur des cheveux, les vêtements, etc.).

de là que j'étais une substance* dont toute l'**essence** ou la nature n'est que de penser et qui, pour être, n'a besoin d'aucun lieu, ni ne dépend d'aucune chose matérielle. En sorte que ce moi, c'est-à-dire l'âme par laquelle je suis ce que je suis est entièrement distincte* du corps[6] et même qu'elle est plus aisée à connaître que lui, et qu'encore qu'il ne fût point, elle ne laisserait pas d'être tout ce qu'elle est[7].

4. Descartes ne parle pas d'un doute sceptique ni d'un doute désabusé, mais plutôt de sa volonté d'utiliser le doute méthodique pour atteindre la vérité.

5. *Cogito, ergo sum:* je pense, donc je suis. Au moment où l'on doute de tout, on ne peut pas douter que l'on est en train de douter, c'est-à-dire de penser, et donc que l'on existe. C'est la première vérité que cherchait Descartes; dans l'histoire de la philosophie, c'est une nouvelle époque qui commence avec cette affirmation du *je.*

6. « Deux substances sont dites être distinguées réellement, quand chacune d'elles peut exister sans l'autre. » (René Descartes, *Méditations métaphysiques; réponses de l'auteur aux secondes objections* in *Œuvres et lettres*, introduction, chronologie, bibliographie et notes d'André Bridoux, Bruges, Gallimard, coll. La Pléiade, 1966, p. 391.)

7. Cette distinction radicale que fait Descartes entre l'âme et le corps est une caractéristique de sa philosophie. C'est ce qu'on a appelé le dualisme*.

38. Après cela, je considérai en général ce qui est requis à une proposition pour être vraie* et certaine; car, puisque je venais d'en trouver une que je savais être telle, je pensai que je devais aussi savoir en quoi consiste cette certitude. Et ayant remarqué qu'il n'y a rien du tout en ceci : *je pense, donc je suis*, qui m'assure que je dis la vérité, sinon que je vois très clairement que, pour penser, il faut être, je jugeai que je pouvais prendre pour règle générale que les choses que nous concevons fort clairement* et fort distinctement* sont toutes vraies[8]; mais qu'il y a seulement quelque difficulté à bien remarquer quelles sont celles que nous concevons distinctement.

39. En suite de quoi, faisant réflexion sur ce que je doutais et que, par conséquent, mon être n'était pas tout parfait[9], car je voyais clairement que c'était une plus grande perfection de connaître que de douter, je m'avisai de chercher d'où j'avais appris à penser à quelque chose de plus parfait que je n'étais; et je connus évidemment que ce devait être de quelque nature qui fût en effet plus parfaite[10]. Pour ce qui est des pensées que j'avais de plusieurs autres choses hors de moi, comme du ciel, de la terre, de la lumière, de la chaleur et de mille autres, je n'étais point tant en peine de savoir d'où elles venaient, à cause que, ne remarquant rien en elles qui me semblât les rendre supérieures à moi, je pouvais croire que, si elles étaient vraies, c'étaient des dépendances de ma nature, en tant qu'elle avait quelque perfection; et si elles ne l'étaient pas, que je les tenais du néant, c'est-à-dire qu'elles étaient en moi pour ce que j'avais du défaut. Mais ce ne pouvait être le même de l'idée d'un être plus parfait que le mien, car, de la tenir du néant, c'était chose manifestement

---

8. Clarté, distinction et évidence : il s'agit des critères de vérité que cherchait Descartes. Voir la première règle de la méthode au paragraphe 22.

9. Dans les paragraphes suivants, Descartes présente les preuves de l'existence de Dieu.

10. Voir l'extrait IX de la section Morceaux choisis, page 111.

impossible ; et pour ce qu'il n'y a pas moins de répugnance[11] que le plus parfait soit une suite et une dépendance du moins parfait, qu'il y en a que de rien procède quelque chose, je ne la pouvais tenir non plus de moi-même. De façon qu'il restait qu'elle eût été mise en moi[12] par une nature qui fût véritablement plus parfaite que je n'étais, et même qui eût en soi toutes les perfections dont je pouvais avoir quelque idée, c'est-à-dire, pour m'expliquer en un mot, qui fût Dieu[13]. À quoi j'ajoutai que[14], puisque je connaissais quelques perfections que je n'avais point, je n'étais pas le seul être qui existât (j'userai, s'il vous plaît, ici librement des mots de l'**École**) ; mais qu'il fallait, de nécessité, qu'il y en eût quelque autre plus parfait duquel je dépendisse et duquel j'eusse acquis tout ce que j'avais. Car, si j'eusse été seul et indépendant de tout autre, en sorte que j'eusse eu de moi-même[15] tout ce peu que je **participais**[16] de l'Être parfait, j'eusse pu avoir de moi, par même raison, tout le surplus que je connaissais me manquer, et ainsi être moi-même infini, éternel, immuable, tout connaissant, tout puissant, et enfin avoir toutes les perfections que je pouvais remarquer être en Dieu. Car, suivant les raisonnements que je viens de faire, pour connaître la nature de Dieu autant que la mienne en était capable, je n'avais qu'à considérer, de toutes les choses dont je trouvais en moi quelque idée, si c'était perfection ou non de les posséder, et j'étais assuré qu'aucune de celles qui marquaient quelque imperfection n'était en lui, mais que toutes les autres y étaient. Comme je voyais que le doute, l'inconstance, la tristesse et choses semblables n'y pouvaient être, vu que

École Philosophie scolastique*.

Participer Avoir en soi quelque chose d'un autre, ne pas être indépendant par nature.

11. « Il n'y a pas moins de répugnance » : il n'est pas moins contradictoire.
12. L'idée de Dieu est une idée innée (qui ne procède pas de l'expérience) ; seul Dieu a pu mettre en moi une telle idée.
13. Puisque l'on a en soi l'idée de la perfection, même si l'on n'est pas parfait, il faut bien que quelqu'un de plus parfait que soi ait mis en soi cette idée de perfection, et donc qu'Il existe. Ainsi raisonne Descartes à propos de l'existence de Dieu.
14. Descartes reprend la première preuve de l'existence de Dieu en d'autres mots.
15. « J'eusse eu de moi-même » : je me serais donné moi-même.
16. N'être pas indépendant par nature. Il faut donc comprendre : si j'ai en moi une certaine perfection, ce ne peut être que par participation à la perfection de Dieu, qui est parfait en sa nature.

j'eusse été moi-même bien aise d'en être exempt. Puis, outre cela, j'avais des idées de plusieurs choses sensibles et corporelles ; car, quoique je supposasse que je rêvais et que tout ce que je voyais ou imaginais était faux, je ne pouvais nier toutefois que les idées n'en fussent véritablement en ma pensée ; mais, pour ce que j'avais déjà connu en moi très clairement que la nature intelligente est distincte de la corporelle, considérant que toute composition témoigne de la dépendance, et que la dépendance est manifestement un défaut, je jugeais de là que ce ne pouvait être une perfection en Dieu d'être composé de ces deux natures et que, par conséquent, il ne l'était pas ; mais que s'il y avait quelques corps dans le monde, ou bien quelques intelligences ou autres natures qui ne fussent point toutes parfaites, leur être devait dépendre de sa puissance, en telle sorte qu'elles ne pouvaient **subsister** sans lui un seul moment[17].

Subsister Exister.

40. Je voulus chercher, après cela, d'autres vérités, et m'étant proposé l'objet des géomètres, que je concevais comme un corps continu, ou un espace indéfiniment étendu en longueur, largeur et hauteur ou profondeur, divisible en diverses parties qui pouvaient avoir diverses figures et grandeurs, et être **mues** ou transposées en toutes sortes, car les géomètres supposent tout cela en leur objet, je parcourus quelques-unes de leurs plus simples démonstrations. Et, ayant pris garde que cette grande certitude que tout le monde leur attribue n'est fondée que sur ce qu'on les conçoit évidemment*, suivant la règle que j'ai tantôt dite, je pris garde aussi qu'il n'y avait rien du tout en elles qui m'assurât de l'existence de leur objet. Car, par exemple, je voyais bien que, supposant un triangle, il fallait que ses trois angles fussent égaux à deux droits ; mais je ne voyais rien pour cela qui m'assurât qu'il y eût au monde aucun triangle. Au lieu que, revenant à

Mu Bougé, déplacé.

17. Ici, Descartes reprend un argument de « l'École », qu'on appelle la théorie de la « création continuée » : Dieu crée le monde à tout instant ; s'Il décidait de ne plus le faire, notre univers cesserait d'exister.

examiner l'idée que j'avais d'un Être parfait, je trouvais que l'existence y était comprise en même façon qu'il est compris en celle d'un triangle que ses trois angles sont égaux à deux droits, ou en celle d'une sphère que toutes ses parties sont également distantes de son centre, ou même encore plus évidemment ; et que, par conséquent, il est pour le moins aussi certain que Dieu, qui est cet Être parfait, est ou existe[18], qu'aucune démonstration de géométrie le saurait être.

41. Mais ce qui fait qu'il y en a plusieurs qui se persuadent qu'il y a de la difficulté à le connaître, et même aussi à connaître ce que c'est que leur âme, c'est qu'ils n'élèvent jamais leur esprit au delà des choses sensibles, et qu'ils sont tellement accoutumés à ne rien considérer qu'en l'imaginant, qui est une façon de penser particulière pour les choses matérielles, que tout ce qui n'est pas imaginable leur semble n'être pas **intelligible**. Ce qui est assez manifeste de ce que même les philosophes tiennent pour maxime, dans les écoles, qu'il n'y a rien dans l'entendement* qui n'ait premièrement été dans le sens[19], où toutefois il est certain que les idées de Dieu et de l'âme n'ont jamais été[20]. Et il me semble que ceux qui veulent user de leur imagination pour les comprendre font tout de même que si, pour ouïr les sons ou sentir les odeurs, ils se voulaient servir de leurs yeux : sinon qu'il y a encore cette différence que le sens de la vue ne nous assure pas moins de la vérité de ses objets que font ceux de l'odorat ou de

Intelligible
Compréhensible.

---

18. C'est la deuxième preuve de l'existence de Dieu : s'Il est parfait, Il possède en lui toutes les qualités, dont l'existence. Voici ce que disait Descartes dans les *Méditations métaphysiques* au sujet des preuves de l'existence de Dieu : « il n'y a que deux voies par lesquelles on puisse prouver qu'il y a un Dieu, savoir : l'une par ses effets, et l'autre par son essence, ou sa nature même ». (*Méditations métaphysiques ; réponses de l'auteur aux premières objections* in *Œuvres et lettres*, notes d'André Bridoux, p. 358.)

19. Depuis Aristote, la formule « Il n'y a rien dans l'entendement qui n'ait premièrement été dans les sens » signifie que toute connaissance commence par la sensation, qu'elle est d'abord « sensible ».

20. Les idées de Dieu et de l'âme ne peuvent pas tomber sous les sens, puisqu'elles sont des idées « innées » ; elles ne peuvent donc être connues que par l'entendement. Pour Descartes, les idées innées sont les plus importantes dans l'élaboration de sa métaphysique*.

l'ouïe ; au lieu que ni notre imagination ni nos sens ne nous sauraient jamais assurer d'aucune chose, si notre entendement n'y intervient.

42. Enfin, s'il y a encore des hommes qui ne soient pas assez persuadés de l'existence de Dieu et de leur âme par les raisons que j'ai apportées, je veux bien qu'ils sachent que toutes les autres choses dont ils se pensent peut-être plus assurés, comme d'avoir un corps et qu'il y a des astres et une terre, et choses semblables, sont moins certaines. Car, encore qu'on ait une assurance morale de ces choses, qui est telle qu'il semble qu'à moins que d'être extravagant on n'en peut douter, toutefois aussi, à moins que d'être déraisonnable, lorsqu'il est question d'une certitude **métaphysique***, on ne peut nier que ce ne soit assez de sujet, pour n'en être pas entièrement assuré, que d'avoir pris garde qu'on peut en même façon s'imaginer, étant endormi, qu'on a un autre corps et qu'on voit d'autres astres et une autre terre, sans qu'il en soit rien. Car d'où sait-on que les pensées qui viennent en songe sont plutôt

Métaphysique Ordre de connaissances ou de réalités qui dépasse les choses sensibles et les représentations naturelles du sens commun, et s'y oppose.

Car d'où sait-on que les pensées qui viennent en songe sont plutôt fausses que les autres, vu que souvent elles ne sont pas moins vives et expresses ? Paysage imaginaire par Monsù Desiderio, **XVII**e siècle.

fausses que les autres, vu que souvent elles ne sont pas moins vives et expresses ? Et que les meilleurs esprits y étudient tant qu'il leur plaira, je ne crois pas qu'ils puissent donner aucune raison qui soit suffisante pour ôter ce doute, s'ils ne présupposent l'existence de Dieu. Car, premièrement, cela même que j'ai tantôt pris pour une règle, à savoir que les choses que nous concevons très clairement et très distinctement* sont toutes vraies, n'est assuré qu'à cause que Dieu est ou existe et qu'il est un être parfait, et que tout ce qui est en nous vient de lui. D'où il suit que nos idées* ou notions, étant des choses réelles, et qui viennent de Dieu en tout ce en quoi elles sont claires et distinctes, ne peuvent en cela être que vraies[21]. En sorte que, si nous en avons assez souvent qui contiennent de la fausseté, ce ne peut être que de celles qui ont quelque chose de confus et obscur, à cause qu'en cela elles participent du néant, c'est-à-dire qu'elles ne sont en nous ainsi confuses qu'à cause que nous ne sommes pas tout parfaits[22]. Et il est évident qu'il n'y a pas moins de répugnance que la fausseté ou l'imperfection **procède** de Dieu en tant que telle, qu'il y en a que la vérité ou la perfection procède du néant. Mais si nous ne savions point que tout ce qui est en nous de réel et de vrai vient d'un être parfait et infini, pour claires et distinctes que fussent nos idées, nous n'aurions aucune raison qui nous assurât qu'elles eussent la perfection d'être vraies.

> **Procéder** Tenir de, tirer son origine de, découler de.

43. Or, après que la connaissance de Dieu et de l'âme nous a ainsi rendus certains de cette règle, il est bien aisé à connaître que les rêveries que nous imaginons étant endormis ne doivent aucunement nous faire douter de la vérité des pensées que nous avons étant éveillés. Car s'il arrivait, même en dormant, qu'on eût quelque idée fort

---

21. C'est Dieu qui garantit la vérité des idées claires et distinctes. Descartes peut donc se libérer du doute et de son hypothèse du « Malin Génie » : nous pouvons être assurés d'atteindre la vérité si nous conduisons nos raisonnements avec méthode.

22. Les idées confuses proviennent de nous, et cela plus particulièrement à cause de l'union de l'âme et du corps ; les idées claires proviennent de Dieu, puisqu'il est pur Esprit et parfait.

distincte* comme, par exemple, qu'un géomètre inventât quelque nouvelle démonstration, son sommeil ne l'empêcherait pas d'être vraie. Et pour l'erreur la plus ordinaire de nos songes, qui consiste en ce qu'ils nous représentent divers objets en même façon que font nos sens extérieurs, n'importe pas qu'elle nous donne occasion de nous **défier** de la vérité de telles idées, à cause qu'elles peuvent aussi nous tromper assez souvent sans que nous dormions; comme lorsque ceux qui ont la jaunisse voient tout de couleur jaune, ou que les astres ou autres corps fort éloignés nous paraissent beaucoup plus petits qu'ils ne sont. Car enfin, soit que nous veillions, soit que nous dormions, nous ne devons jamais laisser persuader qu'à l'évidence* de notre raison[23]. Et il est à remarquer que je dis de notre raison, et non point de notre imagination ni de nos sens. Comme, encore que nous voyions le soleil très clairement, nous ne devons pas juger pour cela qu'il ne soit que de la grandeur que nous le voyons; et nous pouvons bien imaginer distinctement une tête de lion **entée** sur le corps d'une chèvre, sans qu'il faille conclure pour cela qu'il y ait au monde une **Chimère**: car la raison ne nous dicte point que ce que nous voyons ou imaginons ainsi soit véritable, mais elle nous dicte bien que toutes nos idées ou notions doivent avoir quelque fondement de vérité; car il ne serait pas possible que Dieu, qui est tout parfait et tout véritable, les eût mises en nous sans cela. Et pour ce que nos raisonnements ne sont jamais si évidents ni si entiers pendant le sommeil que pendant la veille, bien que quelquefois nos imaginations soient alors autant ou plus vives et expresses, elle nous dicte aussi que nos pensées ne pouvant être toutes vraies, à cause que nous ne sommes pas tout parfaits, ce qu'elles ont de vérité doit infailliblement se rencontrer en celles que nous avons étant éveillés plutôt qu'en nos songes[24].

Défier Se méfier.

Enté Monté, dessiné.

Chimère Monstre mythologique à tête de lion et à ventre de chèvre qui crache des flammes.

23. Une fois libérée des préjugés et des fausses conceptions grâce au doute méthodique, la raison est capable de distinguer le vrai du faux; l'un des premiers critères de la vérité est l'évidence, comme dans les énoncés mathématiques.

24. Voir l'extrait X de la section Morceaux choisis, page 112, pour un résumé succinct de cette quatrième partie.

EXERCICES D'ANALYSE

ET DE COMPRÉHENSION, QUATRIÈME PARTIE

Paragraphe 36

1. Quelle distinction Descartes établit-il entre les mœurs et la recherche de la vérité ? Faites le lien avec ce qu'il en disait au paragraphe 29.
2. Énumérez les objets du doute (c'est-à-dire de quoi Descartes décide de douter) et les raisons qui le motivent.
3. Quel est le premier principe de la philosophie que découvre Descartes ?

Paragraphe 37

1. Descartes se définit lui-même et présente tout être humain comme une « substance pensante ». Expliquez.
2. Expliquez la distinction qu'établit Descartes entre l'âme et le corps.

Paragraphe 38

Donnez la règle générale qu'établit Descartes pour poser une affirmation comme vraie et certaine.

Paragraphe 39

Reformulez les différents éléments de la preuve que donne Descartes de l'existence de Dieu dans ce paragraphe.

Paragraphe 40

Reformulez la deuxième preuve de l'existence de Dieu.

Paragraphe 41

1. Descartes est-il d'accord avec l'idée qu' « il n'y a rien dans l'entendement qui n'ait premièrement été dans le sens » ? Justifiez votre réponse.
2. Expliquez comment Descartes se démarque de la conception aristotélicienne de la connaissance sensible.
3. Descartes a-t-il la même position que Platon concernant les connaissances qui proviennent des sens ?

Paragraphe 42
Expliquez pourquoi, selon Descartes, nous avons tantôt des idées vraies et tantôt des idées fausses.

Paragraphe 43
Expliquez comment Descartes rejette le doute provenant du songe.

QUESTIONS

D'ENSEMBLE

1. Quel est le thème de cette quatrième partie ? Quelle en est l'idée principale ?

2. Résumez en un maximum de deux phrases
   a) les paragraphes 36 à 39 ;
   b) les paragraphes 40 et 41 ;
   c) les paragraphes 42 et 43.
   En résumant, assurez-vous de faire le lien entre ces trois ensembles de paragraphes.

3. Selon Descartes, la pensée est-elle liée à un cerveau qui est matière ?

4. Résumez la démarche entourant le *cogito* de Descartes. Pour ce faire, vous devez montrer
   a) comment Descartes en vient à douter de tout ;
   b) comment il établit une première vérité ;
   c) comment il définit le *je* comme substance pensante.

5. Résumez les preuves que donne Descartes de l'existence de Dieu.

6. Descartes dit de l'âme qu'elle est plus aisée à connaître que le corps. Commentez.

7. Expliquez pourquoi on dit de Descartes qu'il a une conception dualiste de l'être humain.

CINQUIÈME PARTIE
ORDRE DES QUESTIONS DE PHYSIQUE[1]

Controverse Débat,
polémique.

44. Je serais bien aise de poursuivre et de faire voir ici toute la chaîne des autres vérités que j'ai déduites de ces premières. Mais à cause que, pour cet effet, il serait maintenant besoin que je parlasse de plusieurs questions[2] qui sont en **controverse** entre les doctes, avec lesquels je ne désire point me brouiller, je crois qu'il sera mieux que je m'en abstienne, et que je dise seulement en général quelles elles sont, afin de laisser juger aux plus sages[3] s'il serait utile que le public en fût plus particulièrement informé. Je suis toujours demeuré ferme en la résolution que j'avais prise de ne supposer aucun autre principe* que celui dont je viens de me servir pour démontrer l'existence de Dieu et de l'âme, et de ne recevoir aucune chose pour vraie qui ne me semblât plus claire et plus certaine que n'avaient fait auparavant les démonstrations des géomètres. Et, néanmoins, j'ose dire que non seulement j'ai trouvé moyen de me satisfaire en peu de temps, touchant toutes les principales difficultés dont on a coutume de traiter en la philosophie, mais aussi que j'ai remarqué certaines lois que Dieu a tellement établies en la nature[4], et dont il a imprimé de telles notions en nos âmes, qu'après y avoir fait assez de réflexion, nous ne saurions douter qu'elles ne soient exactement observées en tout ce qui est ou qui se fait dans le monde. Puis, en considérant la suite de ces lois, il me semble avoir découvert plusieurs vérités plus utiles et plus importantes que tout ce que j'avais appris auparavant, ou même espéré d'apprendre.

1. Dans cette partie, les définitions et les notes qui décrivent certaines parties de l'appareil circulatoire sont tirées d'Étienne Gilson in René Descartes, *Discours de la méthode*, Paris, Vrin, 1964, p. 109, note 5 ; p. 110, notes 1-8 ; p. 111, notes 1-2.

2. Notamment l'héliocentrisme*.

3. Descartes fait référence aux autorités de l'Église, qui pourront juger s'il est opportun ou non qu'il aille plus avant dans la publication de ses travaux.

4. Dieu a établi les lois de la nature ; cette notion de «lois» se développera aux XVIIe et XVIIIe siècles, et remplacera progressivement les «forces» ou «puissances» que la philosophie scolastique voyait dans la nature.

45. Mais pour ce que j'ai tâché d'en expliquer les principales dans un traité que quelques considérations m'empêchent de publier[5], je ne les saurais mieux faire connaître qu'en disant ici sommairement ce qu'il contient. J'ai eu dessein d'y comprendre tout ce que je pensais savoir, avant que de l'écrire, touchant la nature des choses matérielles. Mais, tout de même que les peintres, ne pouvant également bien représenter dans un tableau plat toutes les diverses faces d'un corps solide, en choisissent une des principales qu'ils mettent seule vers le jour, et, **ombrageant** les autres, ne les font paraître qu'autant qu'on les peut voir en la regardant ; ainsi, craignant de ne pouvoir mettre en mon discours tout ce que j'avais en la pensée, j'entrepris seulement d'y exposer bien amplement ce que je concevais de la lumière[6] ; puis, à son occasion, d'y ajouter quelque chose du soleil et des étoiles fixes, à cause qu'elle en procède presque toute ; des cieux, à cause qu'ils la transmettent ; des planètes, des comètes et de la terre, à cause qu'elles la font réfléchir ; et en particulier de tous les corps qui sont sur la terre, à cause qu'ils sont ou colorés, ou transparents, ou lumineux ; et enfin de l'homme, à cause qu'il en est le spectateur. Même, pour ombrager[7] un peu toutes ces choses et pouvoir dire plus librement ce que j'en jugeais sans être obligé de suivre ni de **réfuter** les opinions qui sont reçues entre les doctes, je me résolus de laisser tout ce monde ici à leurs disputes et de parler seulement de ce qui arriverait dans un nouveau[8], si Dieu créait maintenant quelque part, dans les espaces imaginaires, assez de matière pour le composer, et qu'il agitât

Ombrager Cacher.

Réfuter Repousser un argument ou un raisonnement en démontrant sa fausseté.

5. Il s'agit du *Traité du monde*, que Descartes rédige vers 1629. Alors qu'il s'apprête à le publier, Galilée subit les foudres de l'Inquisition*. Descartes, qui en était venu à des conclusions semblables aux siennes, décide alors de ne pas publier. Il énumère ici, avec prudence, les différentes études qu'il a faites pour évaluer s'il peut maintenant risquer la publication.

6. Descartes considère que la lumière est l'un des principaux éléments de la nature ; pour cette raison, il y consacre une partie importante de son *Traité du monde*.

7. Donner de la perspective aux idées que Descartes veut démontrer et les faire sortir des vieilles querelles.

8. Un nouveau monde. Descartes évite ainsi de parler directement de la création du monde telle qu'elle est présentée dans le récit biblique.

diversement et sans ordre les diverses parties de cette matière, en sorte qu'il en composât un chaos aussi confus que
les poètes en puissent feindre, et que par après il ne fît
autre chose que prêter son concours ordinaire à la nature,
et la laisser agir suivant les lois qu'il a établies. Ainsi, premièrement, je décrivis cette matière et tâchai de la représenter telle qu'il n'y a rien au monde, ce me semble, de
plus clair ni plus intelligible[9], excepté ce qui a tantôt été dit
de Dieu et de l'âme : car même je supposai expressément
qu'il n'y avait en elle aucune de ces **formes*** ou qualités*
dont on dispute dans les écoles[10], ni généralement aucune
chose, dont la connaissance ne fût si naturelle à nos âmes,
qu'on ne pût pas même feindre de l'ignorer. De plus, je fis
voir quelles étaient les lois de la nature ; et, sans appuyer
mes raisons sur aucun autre principe que sur les perfections infinies de Dieu, je tâchai à démontrer toutes celles
dont on eût pu avoir quelque doute, et à faire voir qu'elles
sont telles qu'encore que Dieu aurait créé plusieurs
mondes, il n'y en saurait avoir aucun où elles manquassent
d'être observées. Après cela, je montrai comment la plus
grande part de la matière de ce chaos devait, en suite de ces
lois, se disposer et s'arranger d'une certaine façon qui la
rendait semblable à nos cieux ; comment, cependant,
quelques-unes de ses parties devaient composer une terre,
et quelques-unes des planètes et des comètes, et quelques
autres un soleil et des étoiles fixes. Et ici, m'étendant sur
le sujet de la lumière, j'expliquai bien au long quelle était
celle qui se devait trouver dans le soleil et les étoiles, et
comment de là elle traversait en un instant les immenses
espaces des cieux, et comment elle se réfléchissait des planètes et des comètes vers la terre. J'y ajoutai aussi plusieurs
choses touchant la substance, la situation, les mouvements
et toutes les diverses qualités de ces cieux et de ces astres ;

Forme Ce qui définit la chose ou l'individu pour ce qu'il est.

9. La matière est en effet, pour Descartes, l'étendue* géométrique que nous sommes à même de comprendre par le simple usage de notre raison, sans nous référer à un principe métaphysique* quelconque.

10. À la suite d'Aristote, la philosophie scolastique distingue «formes» et «qualités» dont les êtres sont composés. Descartes ne veut pas entrer dans ces distinctions ; il adopte un point de vue plus scientifique en étudiant la matière et le mouvement des corps.

en sorte que je pensais en dire assez pour faire connaître qu'il ne se remarque rien en ceux de ce monde qui ne dût, ou du moins qui ne pût, paraître tout semblable en ceux du monde que je décrivais. De là je vins à parler particulièrement de la terre : comment, encore que j'eusse expressément supposé que Dieu n'avait mis aucune pesanteur en la matière dont elle était composée, toutes ses parties ne laissaient pas de tendre exactement vers son centre ; comment, y ayant de l'eau et de l'air sur sa superficie, la disposition des cieux et des astres, principalement de la lune, y devait causer un **flux** et **reflux** qui fût semblable, en toutes ses circonstances, à celui qui se remarque dans nos mers ; et outre cela

Jan Vermeer dit de Delft, *L'Astronome* **(1668). Paris, Musée du Louvre.**

Flux Mouvement ascensionnel de la mer, marée montante.

Reflux Mouvement des eaux qui se retirent à marée descendante.

un certain cours, tant de l'eau que de l'air, du levant vers le couchant, tel qu'on le remarque aussi entre les tropiques ; comment les montagnes, les mers, les fontaines et les rivières pouvaient naturellement s'y former, et les métaux y venir dans les mines, et les plantes y croître dans les campagnes, et généralement tous les corps qu'on nomme mêlés ou composés s'y engendrer. Et, entre autres choses, à cause qu'après les astres je ne connais rien au monde que le feu qui produise de la lumière, je m'étudiai à faire entendre bien clairement tout ce qui appartient à sa nature, comment il se fait, comment il se nourrit, comment il n'a quelquefois que de la chaleur sans lumière et quelquefois que de la lumière sans chaleur ; comment il peut introduire diverses couleurs en divers corps et diverses autres qualités ; comment il en fond quelques-uns et en durcit d'autres ; comment il les peut consumer presque tous ou convertir en cendres et en fumée ; et enfin, comment de ces cendres, par la seule

Violence Force.

Transmutation Changement d'une substance en une autre.

violence de son action, il forme du verre; car cette **transmutation** de cendres en verre me semblant être aussi admirable qu'aucune autre qui se fasse en la nature, je pris particulièrement plaisir à la décrire.

Inférer Déduire.

46. Toutefois, je ne voulais pas **inférer** de toutes ces choses que ce monde ait été créé en la façon que je proposais; car il est bien plus vraisemblable que, dès le commencement, Dieu l'a rendu tel qu'il devait être. Mais il est certain, et c'est une opinion communément reçue entre les théologiens, que l'action par laquelle maintenant il le conserve est toute la même que celle par laquelle il l'a créé[11]; de façon qu'encore qu'il ne lui aurait point donné, au commencement, d'autre forme que celle du chaos, pourvu qu'ayant établi les lois de la nature, il lui prêtât son concours pour agir ainsi qu'elle a de coutume, on peut croire, sans faire tort au miracle de la création, que par cela seul toutes les choses qui sont purement matérielles auraient pu, avec le temps, s'y rendre telles que nous les voyons à présent. Et leur nature est bien plus aisée à concevoir, lorsqu'on les voit naître peu à peu en cette sorte, que lorsqu'on ne les considère que toutes faites.

47. De la description des corps inanimés et des plantes, je passai à celle des animaux, et particulièrement à celle des hommes. Mais, pour ce que je n'en avais pas encore assez de connaissance pour en parler du même style que du reste, c'est-à-dire en démontrant les effets par les causes, et faisant voir de quelles semences et en quelle façon la nature les doit produire, je me contentai de supposer que Dieu formât le corps d'un homme entièrement semblable à l'un des nôtres, tant en la figure extérieure de ses membres qu'en la **conformation** intérieure de ses organes, sans le composer d'autre matière que de celle que j'avais décrite, et sans mettre en lui, au commencement, aucune âme

Conformation Structure.

---

11. La philosophie scolastique* (et sur ce point Descartes est d'accord) ne représente pas Dieu comme un Créateur qui se désintéresse par la suite de son œuvre, mais plutôt comme une Présence qui maintient la nature dans l'état où elle l'a créé. Rien ne peut subsister sans Elle.

raisonnable, ni aucune autre chose pour y servir d'âme végétante ou sensitive[12], sinon qu'il excitât en son cœur un de ces feux sans lumière[13] que j'avais déjà expliqués, et que je ne concevais point d'autre nature que celui qui échauffe le foin lorsqu'on l'a renfermé avant qu'il fût sec, ou qui fait bouillir les vins nouveaux lorsqu'on les laisse cuver sur la râpe. Car, examinant les fonctions qui pouvaient en suite de cela être en ce corps, j'y trouvais exactement toutes celles qui peuvent être en nous sans que nous y pensions, ni par conséquent que notre âme, c'est-à-dire cette partie distincte du corps dont il a été dit ci-dessus que la nature n'est que de penser, y contribue, et qui sont toutes les mêmes en quoi on peut dire que les animaux sans raison nous ressemblent[14], sans que j'y en pusse pour cela trouver aucune de celles qui, étant dépendantes de la pensée, sont les seules qui nous appartiennent en tant qu'hommes, au lieu que je les y trouvais toutes par après, ayant supposé que Dieu créât une âme raisonnable et qu'il la joignît à ce corps en certaine façon que je décrivais[15].

Râpe Marc, c'est-à-dire résidu du raisin lorsqu'il a été pressé.

48. Mais afin qu'on puisse voir en quelle sorte j'y traitais cette matière, je veux mettre ici l'explication du mouvement du cœur et des artères[16], qui étant le premier et le plus général qu'on observe dans les animaux, on jugera facilement de lui ce qu'on doit penser de tous les

---

12. Aristote croit qu'il y a chez l'être humain trois types d'âmes: l'âme végétative (chez les plantes), l'âme sensitive (chez les animaux) et l'âme intellective (chez les êtres humains). Descartes a déjà posé la séparation radicale de l'âme et du corps: il retire tout aspect physique à l'âme pour ne lui laisser que ses caractéristiques métaphysiques. Voir l'extrait X de la section Morceaux choisis, page 112.

13. «Il y a toujours plus de chaleur dans le cœur qu'en aucun autre endroit du corps», dit Descartes au paragraphe 48. C'est par cette chaleur qu'il explique le mouvement du cœur.

14. Descartes montre ici comment il fait la distinction entre l'âme et le corps: le corps a des fonctions indépendantes de l'âme qui s'exercent sans la contribution de cette dernière; l'âme (ou l'esprit) a pour seule fonction de penser. On dira par la suite de Descartes qu'il a compris le corps comme une «machine».

15. Dans le *Traité de l'homme*, Descartes précise où se situe l'âme raisonnable: «Et enfin quand l'âme raisonnable sera en cette machine, elle y aura son siège principal dans le cerveau.» (in *Œuvres et lettres*, notes d'André Bridoux, p. 815).

16. Voir l'extrait X de la section Morceaux choisis, page 114, pour un commentaire intéressant sur la pertinence de l'explication du mouvement du cœur que donne Descartes.

autres. Et, afin qu'on ait moins de difficulté à entendre ce que j'en dirai, je voudrais que ceux qui ne sont point versés en l'anatomie prissent la peine, avant que de lire ceci, de faire couper devant eux le cœur de quelque grand animal qui ait des poumons, car il est en tous assez semblable à celui de l'homme, et qu'ils se fissent montrer les deux chambres ou concavités qui y sont. Premièrement, celle qui est dans son côté droit, à laquelle répondent deux tuyaux fort larges, à savoir : la **veine cave**, qui est le principal réceptacle du sang, et comme le tronc de l'arbre dont toutes les autres veines du corps sont les branches ; et la **veine artérieuse**[17], qui a été ainsi mal nommée, pour ce que c'est en effet une artère, laquelle, prenant son origine du cœur, se divise, après en être sortie, en plusieurs branches qui se vont répandre partout dans les poumons. Puis, celle qui est dans son côté gauche, à laquelle répondent en même façon deux tuyaux qui sont autant ou plus larges que les précédents, à savoir : l'**artère veineuse**, qui a été aussi mal nommée, à cause qu'elle n'est autre chose qu'une veine, laquelle vient des poumons, où elle est divisée en plusieurs branches entrelacées avec celles de la veine artérieuse, et celles de ce conduit qu'on nomme le **sifflet**, par où entre l'air de la respiration ; et la **grande artère** qui, sortant du cœur, envoie ses branches par tout le corps. Je voudrais aussi qu'on leur montrât soigneusement les onze petites **peaux** qui, comme autant de petites portes, ouvrent et ferment les quatre ouvertures qui sont en ces deux concavités, à savoir : trois à l'entrée de la veine cave, où elles sont tellement disposées qu'elles ne peuvent aucunement empêcher que le sang qu'elle contient ne coule dans la concavité droite du cœur, et toutefois empêchent exactement qu'il n'en puisse sortir ; trois à l'entrée de la veine artérieuse qui, étant disposées tout au contraire, permettent bien au sang qui est dans cette concavité de passer dans les poumons, mais non pas à celui qui est dans les poumons d'y retourner ; et ainsi deux autres[18] à l'entrée de l'artère veineuse, qui

Veine cave Valvule tricuspide.
Veine artérieuse Artère pulmonaire.

Artère veineuse Veines pulmonaires.

Sifflet Trachée artère.
Grande artère Artère aorte.
Peau Valvule.

17. Il s'agit des trois valvules sigmoïdes, situées à l'entrée de l'artère pulmonaire.
18. Il s'agit de la valvule mitrale, composée de deux valves.

laissent couler le sang des poumons vers la concavité gauche du cœur, mais s'opposent à son retour ; et trois à l'entrée de la grande artère[19], qui lui permettent de sortir du cœur, mais l'empêchent d'y retourner. Et il n'est point besoin de chercher d'autre raison du nombre de ces peaux, sinon que l'ouverture de l'artère veineuse étant en ovale, à cause du lieu où elle se rencontre, peut être commodément fermée avec deux, au lieu que les autres, étant rondes, le peuvent mieux être avec trois. De plus, je voudrais qu'on leur fît considérer que la grande artère et la veine artérieuse sont d'une composition beaucoup plus dure et plus ferme que ne sont l'artère veineuse et la veine cave ; et que ces deux dernières s'élargissent avant que d'entrer dans le cœur, et y font comme deux bourses, nommées les **oreilles** du cœur, qui sont composées d'une chair semblable à la sienne ; et qu'il y a toujours plus de chaleur dans le cœur qu'en aucun autre endroit du corps ; et enfin que cette chaleur est capable de faire que s'il entre quelque goutte de sang en ses concavités, elle s'enfle promptement et se dilate, ainsi que font généralement toutes les liqueurs lorsqu'on les laisse tomber goutte à goutte en quelque vaisseau qui est fort chaud.

Oreilles Oreillettes.

49. Car, après cela, je n'ai besoin de dire autre chose pour expliquer le mouvement du cœur, sinon que lorsque ses concavités ne sont pas pleines de sang, il y en coule nécessairement de la veine cave dans la droite et de l'artère veineuse dans la gauche ; d'autant que ces deux vaisseaux en sont toujours pleins et que leurs ouvertures, qui regardent vers le cœur ne peuvent alors être bouchées ; mais que sitôt qu'il est entré ainsi deux gouttes de sang, une en chacune de ses concavités, ces gouttes, qui ne peuvent être que fort grosses, à cause que les ouvertures par où elles entrent sont fort larges, et les vaisseaux d'où elles viennent fort pleins de sang, se raréfient et se dilatent à cause de la chaleur qu'elles y trouvent ; au moyen de quoi, faisant enfler tout le cœur, elles poussent et ferment les cinq petites portes qui sont aux entrées des deux vaisseaux

---

19. Il s'agit des trois valvules sigmoïdes, situées à l'entrée de l'artère aorte.

d'où elles viennent, empêchant ainsi qu'il ne descende davantage de sang dans le cœur et, continuant à se raréfier de plus en plus, elles poussent et ouvrent les six autres petites portes qui sont aux entrées des deux autres vaisseaux par où elles sortent, faisant enfler par ce moyen toutes les branches de la veine artérieuse et de la grande artère, quasi au même instant que le cœur; lequel, **incontinent** après, se désenfle, comme font aussi ces artères, à cause que le sang qui y est entré s'y refroidit; et leurs six petites portes se referment, et les cinq de la veine cave et de l'artère veineuse se rouvrent et donnent passage à deux autres gouttes de sang, qui font derechef enfler le cœur et les artères, tout de même que les précédentes. Et pour ce que le sang, qui entre ainsi dans le cœur, passe par ces deux bourses qu'on nomme ses oreilles, de là vient que leur mouvement est contraire au sien et qu'elles se désenflent lorsqu'il s'enfle. Au reste, afin que ceux qui ne connaissent pas la force des démonstrations mathématiques, et ne sont pas accoutumés à distinguer les vraies raisons des vraisemblables, ne se hasardent pas de nier ceci sans l'examiner, je les veux avertir que ce mouvement, que je viens d'expliquer, suit aussi nécessairement de la seule disposition des organes qu'on peut voir à l'œil dans le cœur, et de la chaleur qu'on y peut sentir avec les doigts, et de la nature du sang qu'on peut connaître par expérience, que fait celui d'une horloge, de la force, de la situation et de la figure de ses contrepoids et de ses roues.

Incontinent Immédiatement.

50. Mais si on demande comment le sang des veines ne s'épuise point, en coulant ainsi continuellement dans le cœur, et comment les artères n'en sont point trop remplies, puisque tout celui qui passe par le cœur s'y va rendre, je n'ai pas besoin d'y répondre autre chose que ce qui a déjà été écrit par un médecin[20] d'Angleterre, auquel

---

20. Il s'agit du médecin anglais William Harvey (1578–1657). Il est surtout célèbre pour sa découverte de la circulation du sang, qui est l'une des plus importantes du XVIIe siècle. Elle bouleverse les idées reçues et est violemment critiquée. Descartes, malgré certaines divergences qu'il expose dans les paragraphes suivants (par exemple, il ne se représente pas le cœur comme un muscle actif), s'y rallie d'emblée.

il faut donner la louange d'avoir rompu la glace en cet endroit, et d'être le premier qui a enseigné qu'il y a plusieurs petits passages aux extrémités des artères, par où le sang qu'elles reçoivent du cœur entre dans les petites branches des veines, d'où il se va rendre derechef vers le cœur, en sorte que son cours n'est autre chose qu'une circulation perpétuelle. Ce qu'il prouve fort bien par l'expérience ordinaire des chirurgiens qui, ayant lié le bras médiocrement fort, au-dessus de l'endroit où ils ouvrent la veine, font que le sang en sort plus abondamment que s'ils ne l'avaient point lié. Et il arriverait tout le contraire s'ils le liaient au-dessous, entre la main et l'ouverture, ou bien qu'ils le liassent très fort au-dessus. Car il est **manifeste** que le lien médiocrement serré, pouvant empêcher que le sang qui est déjà dans le bras ne retourne vers le cœur par les veines, n'empêche pas pour cela qu'il n'y en vienne toujours de nouveau par les artères, à cause qu'elles sont situées au-dessous des veines, et que leurs peaux, étant plus dures, sont moins aisées à presser, et aussi que le sang qui vient du cœur tend avec plus de force à passer par elles vers la main qu'il ne fait à retourner de là vers le cœur par les veines. Et puisque ce sang sort du bras par l'ouverture qui est en l'une des veines, il doit nécessairement y avoir quelques passages au-dessous du lien, c'est-à-dire vers les extrémités du bras, par où il y puisse venir des artères. Il prouve aussi fort bien ce qu'il dit du cours du sang, par certaines petites peaux qui sont tellement disposées en divers lieux le long des veines, qu'elles ne lui permettent point d'y passer du milieu du corps vers les extrémités, mais seulement de retourner des extrémités vers le cœur ; et de plus, par l'expérience qui montre que tout celui qui est dans le corps en peut sortir en fort peu de temps par une seule artère lorsqu'elle est coupée, encore même qu'elle fût étroitement liée fort proche du cœur et coupée entre lui et le lien, en sorte qu'on n'eût aucun sujet d'imaginer que le sang qui en sortirait vînt d'ailleurs.

Manifeste Certain, évident.

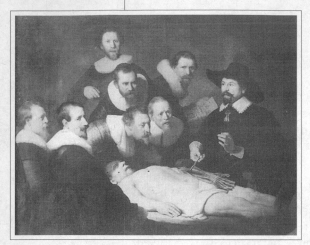

Rembrandt, *La leçon d'anatomie du Dr Nicolas Tulp* (1632). La Haye, Musée royal de La Haye.

51. Mais il y a plusieurs autres choses qui témoignent que la vraie cause de ce mouvement du sang est celle que j'ai dite[21]. Comme, premièrement, la différence qu'on remarque entre celui qui sort des veines et celui qui sort des artères ne peut procéder que de ce qu'étant raréfié et comme distillé en passant par le cœur, il est plus subtil et plus vif, et plus chaud incontinent après en être sorti, c'est-à-dire étant dans les artères, qu'il n'est un peu devant que d'y entrer, c'est-à-dire étant dans les veines. Et si on y prend garde, on trouvera que cette différence ne paraît bien que vers le cœur et non point tant aux lieux qui en sont les plus éloignés. Puis la dureté des peaux, dont la veine artérieuse et la grande artère sont composées, montre assez que le sang bat contre elles avec plus de force que contre les veines. Et pourquoi la concavité gauche du cœur et la grande artère seraient-elles plus amples et plus larges que la concavité droite et la veine artérieuse, si ce n'était que le sang de l'artère veineuse, n'ayant été que dans les poumons depuis qu'il a passé par le cœur, est plus subtil et se raréfie plus fort et plus aisément que celui qui vient immédiatement de la veine cave ? Et qu'est-ce que les médecins peuvent deviner en tâtant le pouls, s'ils ne savent pas que, selon que le sang change de nature, il peut être raréfié par la chaleur du cœur plus ou moins fort et plus ou moins vite qu'auparavant ? Et si on examine comment cette chaleur se communique aux autres membres, ne faut-il pas avouer que c'est par le moyen du sang qui, passant par le

21. Selon Descartes, c'est la chaleur du cœur qui explique le mouvement du sang.

cœur, s'y réchauffe et se répand de là par tout le corps ? D'où vient que si on ôte le sang de quelque partie, on en ôte par même moyen la chaleur ; et encore que le cœur fût aussi ardent qu'un fer embrasé, il ne suffirait pas pour réchauffer les pieds et les mains tant qu'il fait s'il n'y envoyait continuellement de nouveau sang. Puis aussi on connaît de là[22] que le vrai usage de la respiration est d'apporter assez d'air frais dans le poumon, pour faire que le sang qui y vient de la concavité droite du cœur, où il a été raréfié et comme changé en vapeurs, s'y épaississe et convertisse en sang derechef, avant que de retomber dans la gauche, sans quoi il ne pourrait être propre à servir de nourriture au feu qui y est. Ce qui se confirme parce qu'on voit que les animaux qui n'ont point de poumons n'ont aussi qu'une seule concavité dans le cœur, et que les enfants, qui n'en peuvent user pendant qu'ils sont renfermés au ventre de leurs mères, ont une ouverture par où il coule du sang de la veine cave en la concavité gauche du cœur, et un conduit par où il en vient de la veine artérieuse en la grande artère, sans passer par le poumon. Puis la **coction**, comment se ferait-elle en l'estomac si le cœur n'y envoyait de la chaleur par les artères, et avec cela quelques-unes des plus coulantes parties du sang qui aident à dissoudre les **viandes** qu'on y a mises ? Et l'action qui convertit le suc de ces viandes en sang n'est-elle pas aisée à connaître si on considère qu'il se distille en passant et repassant par le cœur, peut-être par plus de cent ou deux cents fois en chaque jour ? Et qu'a-t-on besoin d'autre chose pour expliquer la nutrition et la production des diverses **humeurs** qui sont dans le corps, sinon de dire que la force dont le sang en se raréfiant passe du cœur vers les extrémités des artères, fait que quelques-unes de ses parties s'arrêtent entre celles des membres où elles se trouvent, et y prennent la place de quelques autres qu'elles en chassent et que, selon la situation, ou la figure, ou la petitesse des pores qu'elles

Coction Digestion.

Viandes Aliments.

Humeur Tout ce qui est sécrété par les glandes, soit la salive, l'urine et la sueur.

22. Les arguments de Descartes voudront maintenant démontrer que la chaleur du cœur explique non seulement le mouvement du sang, mais aussi les fonctions physiologiques du corps, telles la respiration, la digestion, la nutrition, etc. Cette explication mécanique répond à la conception de l'âme sensitive développée depuis Aristote.

Crible Instrument percé d'un grand nombre de trous et qui sert à trier des objets de grosseur inégale, comme une passoire.

Génération Production.

rencontrent, les unes se vont rendre en certains lieux plutôt que les autres, en même façon que chacun peut avoir vu divers **cribles** qui, étant diversement percés, servent à séparer divers grains les uns des autres ? Et enfin, ce qu'il y a de plus remarquable en tout ceci, c'est la **génération** des esprits animaux[23], qui sont comme un vent très subtil, ou plutôt comme une flamme très pure et très vive qui, montant continuellement en grande abondance du cœur dans le cerveau, se va rendre de là par les nerfs dans les muscles et donne le mouvement à tous les membres ; sans qu'il faille imaginer d'autre cause qui fasse que les parties du sang qui, étant les plus agitées et les plus pénétrantes, sont les plus propres à composer ces esprits, se vont rendre plutôt vers le cerveau que vers ailleurs ; sinon que les artères qui les y portent sont celles qui viennent du cœur le plus en ligne droite de toutes et que, selon les règles des mécaniques, qui sont les mêmes que celles de la nature, lorsque plusieurs choses tendent ensemble à se mouvoir vers un même côté où il n'y a pas assez de place pour toutes, ainsi que les parties du sang qui sortent de la concavité gauche du cœur tendent vers le cerveau, les plus faibles et moins agitées en doivent être détournées par les plus fortes qui, par ce moyen, s'y vont rendre seules.

52. J'avais expliqué assez particulièrement toutes ces choses dans le traité que j'avais eu ci-devant dessein de publier. Et ensuite j'y avais montré quelle doit être

Fabrique Structure.

la **fabrique** des nerfs et des muscles du corps humain, pour faire que les esprits animaux étant dedans aient la force de mouvoir ses membres, ainsi qu'on voit que les têtes, un peu après être coupées, se remuent encore et mordent la terre, nonobstant qu'elles ne soient plus animées ; quels changements se doivent faire dans le cerveau pour causer la veille,

23. « Les esprits animaux sont les particules du sang les plus ténues ; ils circulent continuellement à travers les nerfs, que Descartes considère comme des tuyaux, et se rendent de là dans les muscles dont ils déterminent les mouvements. Leur production par la seule chaleur du cœur a donc ceci de remarquable qu'elle explique par cette même cause tous les mouvements de l'animal. » (Étienne Gilson, introduction et notes du *Discours de la méthode*, Paris, Vrin, 1964, p. 118, note 1.)

et le sommeil, et les songes; comment la lumière, les sons, les odeurs, les goûts, la chaleur et toutes les autres qualités des objets extérieurs y peuvent imprimer diverses idées par l'entremise des sens; comment la faim, la soif et les autres passions intérieures y peuvent aussi envoyer les leurs; ce qui doit y être pris pour le sens commun où ces idées sont reçues; pour la mémoire qui les conserve; et pour la fantaisie qui les peut diversement changer et en composer de nouvelles et, par même moyen, distribuant les esprits animaux dans les muscles, faire mouvoir les membres de ce corps en autant de diverses façons, et autant à propos des objets qui se présentent à ses sens et des passions intérieures qui sont en lui, que les nôtres se puissent mouvoir sans que la volonté les conduise. Ce qui ne semblera nullement étrange à ceux qui, sachant combien de divers *automates*, ou **machines** mouvantes, l'**industrie** des hommes peut faire sans y employer que fort peu de pièces, à comparaison de la grande multitude des os, des muscles, des nerfs, des artères, des veines et de toutes les autres parties qui sont dans le corps de chaque animal, considéreront ce corps comme une machine qui, ayant été faite des mains de Dieu, est incomparablement mieux ordonnée et a en soi des mouvements plus admirables qu'aucune de celles qui peuvent être inventées par les hommes.

Automate Appareil présentant l'aspect d'un être animé et capable d'en imiter les gestes.

Machine Être vivant constitué de plusieurs organes fonctionnant de façon mécanique.

Industrie Adresse, habileté, art.

53. Et je m'étais ici particulièrement arrêté à faire voir que, s'il y avait de telles machines qui eussent les organes et la figure extérieure d'un singe ou de quelque autre animal sans raison, nous n'aurions aucun moyen pour reconnaître qu'elles ne seraient pas en tout de même nature que ces animaux; au lieu que, s'il y en avait qui eussent la ressemblance de nos corps et imitassent autant nos actions que moralement il serait possible, nous aurions toujours deux moyens très certains pour reconnaître qu'elles ne seraient point pour cela de vrais hommes. Dont le premier est que jamais elles ne pourraient user de paroles ni d'autres signes en les composant, comme nous faisons pour déclarer aux autres nos pensées. Car on peut bien

concevoir qu'une machine soit tellement faite qu'elle profère des paroles, et même qu'elle en profère quelques-unes
à propos des actions corporelles qui causeront quelque
changement en ses organes : comme, si on la touche en
quelque endroit, qu'elle demande ce qu'on lui veut dire, si
en un autre, qu'elle crie qu'on lui fait mal, et choses semblables ; mais non pas qu'elle les arrange diversement pour
répondre au sens de tout ce qui se dira en sa présence,
ainsi que les hommes les plus **hébétés** peuvent faire. Et le
second est que, bien qu'elles fissent plusieurs choses
aussi bien ou peut-être mieux qu'aucun de nous, elles
manqueraient infailliblement en quelques autres, par
lesquelles on découvrirait qu'elles n'agiraient pas par connaissance, mais seulement par la disposition de leurs organes. Car, au lieu que la raison est un instrument universel
qui peut servir en toutes sortes de rencontres, ces organes
ont besoin de quelque particulière disposition pour chaque
action particulière ; d'où vient qu'il est **moralement** impossible qu'il y en ait assez de divers en une machine pour la
faire agir en toutes les **occurrences** de la vie de même façon
que notre raison nous fait agir.

54.   Or, par ces deux mêmes moyens, on
peut aussi connaître la différence qui est entre les hommes
et les bêtes. Car c'est une chose bien remarquable qu'il n'y
a point d'hommes si hébétés et si stupides, sans en excepter
même les insensés, qu'ils ne soient capables d'arranger
ensemble diverses paroles et d'en composer un discours
par lequel ils fassent entendre leurs pensées ; et qu'au contraire, il n'y a point d'autre animal, tant parfait et tant heureusement né qu'il puisse être, qui fasse le semblable. Ce
qui n'arrive pas de ce qu'ils ont faute d'organes, car on voit
que les pies et les perroquets peuvent proférer des paroles ainsi que nous, et toutefois ne peuvent parler ainsi que
nous, c'est-à-dire en témoignant qu'ils pensent ce qu'ils
disent ; au lieu que les hommes qui, étant nés sourds et
muets, sont privés des organes qui servent aux autres pour
parler, autant ou plus que les bêtes, ont coutume d'inventer

Hébété Engourdi, ahuri,
stupide.

Moralement
Pratiquement.

Occurrence
Circonstance.

d'eux-mêmes quelques signes par lesquels ils se font entendre à ceux qui, étant ordinairement avec eux, ont loisir
d'apprendre leur langue. Et ceci ne témoigne pas seulement
que les bêtes ont moins de raison que les hommes, mais
qu'elles n'en ont point du tout. Car on voit qu'il n'en faut
que fort peu pour savoir parler ; et d'autant qu'on remarque
de l'inégalité entre les animaux d'une même espèce aussi
bien qu'entre les hommes, et que les uns sont plus aisés à
dresser que les autres, il n'est pas croyable qu'un singe ou
un perroquet, qui serait des plus parfaits de son espèce,
n'égalât en cela un enfant des plus stupides, ou du moins
un enfant qui aurait le cerveau troublé, si leur âme n'était
d'une nature du tout différente de la nôtre. Et on ne doit pas
confondre les paroles avec les mouvements naturels qui témoignent les passions et peuvent être imités par des machines aussi bien que par les animaux ; ni penser, comme
quelques anciens, que les bêtes parlent, bien que nous
n'entendions pas leur langage. Car, s'il était vrai, puisqu'elles
ont plusieurs organes qui se rapportent aux nôtres, elles
pourraient aussi bien se faire entendre à nous qu'à leurs
semblables. C'est aussi une chose fort remarquable que,
bien qu'il y ait plusieurs animaux qui témoignent plus
d'industrie que nous en quelques-unes de leurs actions, on
voit toutefois que les mêmes n'en témoignent point du tout
en beaucoup d'autres : de façon que ce qu'ils font mieux que
nous ne prouve pas qu'ils ont de l'esprit ; car, à ce compte,
ils en auraient plus qu'aucun de nous et feraient mieux en
toute chose ; mais plutôt qu'ils n'en ont point, et que c'est la
nature qui agit en eux selon la disposition de leurs organes :
ainsi qu'on voit qu'une horloge, qui n'est composée que de
roues et de ressorts, peut compter les heures et mesurer le
temps plus justement que nous avec toute notre prudence.

55. J'avais décrit, après cela, l'âme raisonnable et fait voir qu'elle ne peut aucunement être tirée de
la puissance de la matière, ainsi que les autres choses dont
j'avais parlé, mais qu'elle doit expressément être créée ; et
comment il ne suffit pas qu'elle soit logée dans le corps

humain, ainsi qu'un pilote en son navire, sinon peut-être pour mouvoir ses membres, mais qu'il est besoin qu'elle soit jointe et unie plus étroitement avec lui pour avoir, outre cela, des sentiments et des appétits semblables aux nôtres, et ainsi composer un vrai homme. Au reste, je me suis ici un peu étendu sur le sujet de l'âme, à cause qu'il est des plus importants ; car, après l'erreur de ceux qui nient Dieu, laquelle je pense avoir ci-dessus assez **réfutée**, il n'y en a point qui éloigne plutôt les esprits faibles du droit chemin de la vertu que d'imaginer que l'âme des bêtes soit de même nature que la nôtre et que, par conséquent, nous n'avons rien à craindre ni à espérer, après cette vie, non plus que les mouches et les fourmis ; au lieu que, lorsqu'on sait combien elles diffèrent, on comprend beaucoup mieux les raisons qui prouvent que la nôtre est d'une nature entièrement indépendante du corps et, par conséquent, qu'elle n'est point sujette à mourir avec lui ; puis, d'autant qu'on ne voit point d'autres causes qui la détruisent, on est naturellement porté à juger de là qu'elle est immortelle.

Réfuter Rejeter une affirmation en en démontrant la fausseté.

EXERCICES D'ANALYSE

ET DE COMPRÉHENSION, CINQUIÈME PARTIE

Paragraphe 44
« […] toute la chaîne des autres vérités que j'ai déduites de ces premières. » Résumez ces premières vérités dont parle Descartes dans la quatrième partie.

Paragraphe 45
Énumérez les sujets traités par Descartes.

Paragraphe 47
1. Expliquez comment Descartes précise la séparation de l'âme et du corps.
2. Expliquez la différence qu'il pose entre l'homme et l'animal.
3. Descartes partage-t-il la conception de l'âme d'Aristote ? Justifiez votre réponse.

Paragraphe 49
Expliquez ce que veut dire Descartes dans l'expression « distinguer les vraies raisons des vraisemblables ».

Paragraphe 53
1. Énumérez les caractéristiques de l'être humain selon Descartes.
2. « La raison est un instrument universel. » Expliquez cette affirmation en vous servant de la conception de la raison qu'a présentée jusqu'ici Descartes.
3. « La raison est un instrument universel. » Expliquez cette affirmation en vous servant des conceptions de la raison de Platon et d'Aristote.

Paragraphe 54
Résumez les différences essentielles, selon Descartes, entre l'homme et l'animal.

Paragraphe 55
1. Résumez ce que dit Descartes au sujet de l'âme.
2. Expliquez la comparaison du « pilote en son navire » employée par Descartes.

QUESTIONS
D'ENSEMBLE

1. Quel est le thème de cette cinquième partie ? Quelle est l'idée principale ?

2. Résumez en un maximum de deux phrases
   a) les paragraphes 44 à 47 ;
   b) les paragraphes 48 à 53 ;
   c) les paragraphes 54 et 55.
   Assurez-vous de faire le lien entre ces trois ensembles de paragraphes.

3. Présentez les différences entre l'animal et l'être humain selon Descartes. Quelles sont les caractéristiques spécifiques de l'être humain ?

4. Expliquez comment Descartes distingue l'âme et le corps chez l'être humain.

5. Expliquez : « Descartes a une conception dualiste* de l'être humain. »

SIXIÈME PARTIE
CHOSES REQUISES POUR ALLER PLUS AVANT EN LA RECHERCHE DE LA NATURE

Déférer Obéir par respect de l'autorité.

56. Or, il y a maintenant trois ans que j'étais parvenu à la fin du traité qui contient toutes ces choses et que je commençais à le revoir afin de le mettre entre les mains d'un imprimeur[1], lorsque j'appris que des personnes à qui je **défère**[2], et dont l'autorité ne peut guère moins sur mes actions que ma propre raison sur mes pensées, avaient désapprouvé une opinion de physique publiée un peu auparavant par quelque autre[3], de laquelle je ne veux pas dire que je fusse, mais bien que je n'y avais rien remarqué, avant leur censure, que je pusse imaginer être préjudiciable ni à la religion ni à l'État, ni, par conséquent, qui m'eût empêché de l'écrire si la raison me l'eût persuadée ; et que cela me fit craindre qu'il ne s'en trouvât tout de même quelqu'une entre les miennes en laquelle je me fusse mépris,

Nonobstant En dépit de.

nonobstant le grand soin que j'ai toujours eu de n'en point recevoir de nouvelles en ma créance dont je n'eusse des démonstrations très certaines, et de n'en point écrire qui pus-

Tourner au désavantage Nuire.

sent **tourner au désavantage** de personne. Ce qui a été suffisant pour m'obliger à changer la résolution que j'avais eue de les publier. Car, encore que les raisons pour lesquelles je l'avais prise auparavant fussent très fortes, mon

Inclination Penchant, tendance.

inclination, qui m'a toujours fait haïr le métier de faire des livres[4], m'en fit **incontinent** trouver assez d'autres pour

Incontinent Tout de suite, aussitôt.

m'en excuser. Et ces raisons de part et d'autre sont telles que

---

1. Il s'agit du *Traité du monde* que Descartes s'apprête à publier en 1633.

2. Descartes se réfère particulièrement aux membres du Saint-Office, qui sont les représentants officiels de l'Église catholique et qui ont condamné Galilée en 1632.

3. Il s'agit de Galilée. Descartes était arrivé à des conclusions semblables aux siennes. Le mouvement de la Terre ayant été condamné par l'Église, il ne s'affiche pas comme partisan de cette théorie. Comme on l'a vu plus haut dans la morale provisoire, si Descartes croit qu'on peut développer ses propres concepts dans l'ordre de la raison, on doit se soumettre à l'autorité en matière politique et religieuse.

4. Descartes n'envisage pas la publication de ses idées comme un plaisir, mais davantage comme un fardeau. Ce qui l'intéresse, c'est d'avancer dans sa recherche de la vérité.

non seulement j'ai ici quelque intérêt de les dire, mais peut-être aussi que le public en a de les savoir[5].

57. Je n'ai jamais fait beaucoup d'état des choses qui venaient de mon esprit; et pendant que je n'ai recueilli d'autres fruits de la méthode dont je me sers, sinon que je me suis satisfait touchant quelques difficultés qui appartiennent aux sciences **spéculatives**, ou bien que j'ai tâché de régler mes mœurs par les raisons qu'elle m'enseignait, je n'ai point cru être obligé d'en rien écrire. Car, pour ce qui touche les mœurs, chacun abonde si fort en son sens qu'il se pourrait trouver autant de réformateurs que de têtes, s'il était permis à d'autres qu'à ceux que Dieu a établis pour souverains sur ses peuples, ou bien auxquels il a donné assez de grâce et de zèle pour être prophètes, d'entreprendre d'y rien changer; et bien que mes **spéculations** me plussent fort, j'ai cru que les autres en avaient aussi qui leur plaisaient peut-être davantage. Mais, sitôt que j'ai eu acquis quelques notions générales touchant la physique et que, commençant à les éprouver en diverses difficultés particulières, j'ai remarqué jusqu'où elles peuvent conduire et combien elles diffèrent des principes dont on s'est servi jusqu'à présent, j'ai cru que je ne pouvais les tenir cachées sans pécher grandement contre la loi qui nous oblige à procurer autant qu'il est en nous[6] le bien général de tous les hommes. Car elles m'ont fait voir qu'il est possible de parvenir à des connaissances qui soient fort utiles à la vie, et qu'au lieu de cette philosophie spéculative qu'on enseigne dans les écoles, on en peut trouver une pratique[7] par laquelle, connaissant la force et les actions du feu, de l'eau, de l'air, des astres, des cieux et de tous les autres corps qui

Spéculative Théorique.

Spéculation Réflexion, recherche.

---

5. Dans les paragraphes suivants, Descartes exposera les raisons pour lesquelles il aurait souhaité publier ses découvertes.

6. «Autant qu'il est en nous»: autant que nous sommes capables de le faire.

7. La philosophie et les diverses sciences ne sont pas encore séparées; parler de la Terre, du Soleil, etc., c'est encore faire de la philosophie, c'est-à-dire tenter d'étendre nos connaissances le plus possible. La philosophie «spéculative» dont a parlé Descartes est basée sur des thèses insuffisantes. Descartes veut au contraire asseoir de façon rigoureuse l'édifice de la raison.

nous environnent, aussi distinctement que nous connaissons les divers métiers de nos artisans, nous les pourrions employer en même façon à tous les usages auxquels ils sont propres, et ainsi nous rendre comme maîtres et possesseurs de la nature[8]. Ce qui n'est pas seulement à désirer pour l'invention d'une infinité d'**artifices** qui feraient qu'on jouirait, sans aucune peine, des fruits de la terre et de toutes les commodités qui s'y trouvent, mais principalement aussi pour la conservation de la santé, laquelle est sans doute le premier bien et le fondement* de tous les autres biens de cette vie[9]; car même l'esprit dépend si fort du tempérament et de la disposition des organes du corps que, s'il est possible de trouver quelque moyen qui rende **communément** les hommes plus sages et plus habiles qu'ils n'ont été jusqu'ici, je crois que c'est dans la médecine qu'on doit le chercher. Il est vrai que celle qui est maintenant en usage contient peu de choses dont l'utilité soit si remarquable; mais, sans que j'aie aucun dessein de la mépriser, je m'assure qu'il n'y a personne, même de ceux qui en font profession, qui n'avoue que tout ce qu'on y sait n'est presque rien à comparaison de ce qui reste à y savoir; et qu'on se pourrait exempter d'une infinité de maladies, tant du corps que de l'esprit, et même aussi peut-être de l'affaiblissement de la vieillesse, si on avait assez de connaissance de leurs causes et de tous les remèdes dont la nature nous a pourvus. Or, ayant dessein d'employer toute ma vie à la recherche d'une science si nécessaire et ayant rencontré un chemin qui me semble tel qu'on doit infailliblement la trouver, en le suivant, si ce n'est qu'on en soit empêché, ou par la brièveté de la vie, ou par le défaut des expériences, je jugeais qu'il n'y avait point de meilleur remède contre ces deux empêchements que de communiquer fidèlement au public tout le peu que j'aurais trouvé, et de convier les bons esprits à tâcher de passer plus outre, en contribuant, chacun selon

Artifice Invention.

Communément Selon l'opinion courante.

---

8. Descartes illustre par cette phrase le rêve de la science moderne : procurer à l'être humain une vie plus facile, plus confortable et moins menacée par les dangers de la nature.

9. Descartes, qui a toujours été de santé fragile, ne peut faire autrement que de considérer la santé comme le plus précieux de tous les biens.

son inclination et son pouvoir, aux expériences qu'il faudrait faire, et communiquant aussi au public toutes les choses qu'ils apprendraient afin que, les derniers commençant où les précédents auraient achevé, et ainsi, joignant les vies et les travaux de plusieurs, nous allassions tous ensemble beaucoup plus loin que chacun en particulier ne saurait faire.

58. Même je remarquais, touchant les expériences, qu'elles sont d'autant plus nécessaires qu'on est plus avancé en connaissance[10]. Car, pour le commencement, il vaut mieux ne se servir que de celles qui se présentent d'elles-mêmes à nos sens et que nous ne saurions ignorer, pourvu que nous y fassions tant soit peu de réflexion, que d'en chercher de plus rares et étudiées ; dont la raison est que ces plus rares trompent souvent, lorsqu'on ne sait pas encore les causes des plus communes, et que les circonstances dont elles dépendent sont quasi toujours si particulières et si petites, qu'il est très malaisé de les remarquer. Mais l'ordre que j'ai tenu en ceci a été tel. Premièrement, j'ai tâché de trouver en général les principes*, ou premières causes, de tout ce qui est, ou qui peut être, dans le monde, sans rien considérer pour cet effet que Dieu seul qui l'a créé, ni les tirer d'ailleurs que de certaines semences de vérité*[11] qui sont naturellement en nos âmes. Après cela, j'ai examiné quels étaient les premiers et les plus ordinaires effets qu'on pouvait déduire de ces causes ; et il me semble que par là j'ai trouvé des cieux, des astres, une terre, et même sur la terre de l'eau, de l'air, du feu, des minéraux et quelques autres telles choses qui sont les plus communes de toutes et les plus simples, et par conséquent les plus aisées à connaître. Puis, lorsque j'ai voulu descendre à celles qui étaient plus particulières, il s'en est tant présenté à moi de diverses, que je n'ai pas cru qu'il fût possible à l'esprit

---

10. Descartes expose maintenant les raisonnements qu'il a suivis pour découvrir la vérité.

11. Ces semences de vérité sont les idées innées des mathématiques, par exemple la notion d'étendue*, qui selon Descartes ne provient pas de l'expérience, mais de notre pensée.

humain de distinguer les formes ou espèces de corps qui sont sur la terre d'une infinité d'autres qui pourraient y être si ç'eût été le vouloir de Dieu de les y mettre, ni, par conséquent, de les rapporter à notre usage, si ce n'est qu'on vienne au-devant des causes par les effets et qu'on se serve de plusieurs expériences particulières. En suite de quoi, repassant mon esprit sur tous les objets qui s'étaient jamais présentés à mes sens, j'ose bien dire que je n'y ai remarqué aucune chose que je ne pusse assez commodément expliquer par les principes que j'avais trouvés. Mais il faut aussi que j'avoue que la puissance de la nature est si ample et si vaste, et que ces principes sont si simples et si généraux, que je ne remarque quasi plus aucun effet particulier que d'abord je ne connaisse qu'il peut en être déduit en plusieurs diverses façons, et que ma plus grande difficulté est d'ordinaire de trouver en laquelle de ces façons il en dépend. Car à cela je ne sais point d'autre **expédient** que de chercher **derechef** quelques expériences, qui soient telles que leur **événement** ne soit pas le même, si c'est en l'une de ces façons qu'on doit l'expliquer que si c'est en l'autre. Au reste, j'en suis maintenant là que je vois, ce me semble, assez bien de quel biais on se doit prendre à faire la plupart de celles qui peuvent servir à cet effet ; mais je vois aussi qu'elles sont telles, et en si grand nombre, que ni mes mains ni mon revenu, bien que j'en eusse mille fois plus que je n'en ai, ne sauraient suffire pour toutes ; en sorte que, selon que j'aurai désormais la commodité d'en faire plus ou moins, j'avancerai aussi plus ou moins en la connaissance de la nature. Ce que je me promettais de faire connaître par le traité que j'avais écrit, et d'y montrer si clairement l'utilité que le public en peut recevoir, que j'obligerais tous ceux qui désirent en général le bien des hommes, c'est-à-dire tous ceux qui sont en effet vertueux, et non point par faux semblant, ni seulement par opinion[12], tant à me communiquer celles qu'ils ont déjà faites, qu'à m'aider en la recherche de celles qui restent à faire.

Expédient Moyen utilisé pour se sortir d'une difficulté.

Derechef De nouveau.

Événement Résultat.

12. Être vertueux par opinion, c'est-à-dire se prétendre vertueux sans l'être.

59. Mais j'ai eu depuis ce temps-là[13] d'autres raisons qui m'ont fait changer d'opinion et penser que je devais véritablement continuer d'écrire toutes les choses que je jugerais de quelque importance, à mesure que j'en découvrirais la vérité et y apporter le même soin que si je les voulais faire imprimer; tant afin d'avoir d'autant plus d'occasion de les bien examiner, comme sans doute on regarde toujours de plus près à ce qu'on croit devoir être vu par plusieurs qu'à ce qu'on ne fait que pour soi-même, et souvent les choses qui m'ont semblé vraies lorsque j'ai commencé à les concevoir m'ont paru fausses lorsque je les ai voulu mettre sur le papier; qu'afin de ne perdre aucune occasion de profiter au public, si j'en suis capable, et que, si mes écrits valent quelque chose, ceux qui les auront après ma mort en puissent user ainsi qu'il sera le plus à propos; mais que je ne devais aucunement consentir qu'ils fussent publiés pendant ma vie, afin que ni les oppositions et controverses auxquelles ils seraient peut-être sujets, ni même la réputation telle quelle, qu'ils me pourraient acquérir, ne me donnassent aucune occasion de perdre le temps que j'ai dessein d'employer à m'instruire. Car, bien qu'il soit vrai que chaque homme est obligé de procurer, autant qu'il est en lui, le bien des autres et que c'est proprement ne valoir rien que de n'être utile à personne, toutefois il est vrai aussi que nos soins se doivent étendre plus loin que le temps présent, et qu'il est bon d'omettre les choses qui apporteraient peut-être quelque profit à ceux qui vivent, lorsque c'est à dessein d'en faire d'autres qui en apportent davantage à nos **neveux**. Comme, en effet, je veux bien qu'on sache que le peu que j'ai appris jusqu'ici n'est presque rien à comparaison de ce que j'ignore, et que je ne désespère pas de pouvoir apprendre; car c'est quasi le même de ceux qui découvrent peu à peu la vérité dans les sciences que de ceux qui, commençant à devenir riches, ont moins de peine à faire de grandes acquisitions qu'ils n'ont eu auparavant, étant plus pauvres,

Neveux Postérité.

---

13. Descartes expose maintenant les raisons pour lesquelles il lui semblait préférable de ne pas publier ses découvertes.

Conduite Adresse.

à en faire de beaucoup moindres. Ou bien on peut les comparer aux chefs d'armée, dont les forces ont coutume de croître à proportion de leurs victoires, et qui ont besoin de plus de **conduite** pour se maintenir après la perte d'une bataille qu'ils n'ont, après l'avoir gagnée, à prendre des villes et des provinces. Car c'est véritablement donner des batailles que de tâcher à vaincre toutes les difficultés et les erreurs qui nous empêchent de parvenir à la connaissance de la vérité, et c'est en perdre une que de recevoir quelque fausse opinion touchant une matière un peu générale et importante ; il faut, après, beaucoup plus d'adresse pour se remettre au même état qu'on était auparavant, qu'il ne faut à faire de grands progrès lorsqu'on a déjà des principes qui sont assurés. Pour moi, si j'ai ci-devant trouvé quelques vérités dans les sciences (et j'espère que les choses qui sont contenues en ce volume[14] feront juger que j'en ai trouvé quelques-unes), je puis dire que ce ne sont que des suites et des dépendances de cinq ou six principales difficultés que j'ai surmontées, et que je compte pour autant de batailles où j'ai eu l'**heur** de mon côté.

Heur Bonheur, chance.

Même je ne craindrai pas de dire que je pense n'avoir plus besoin d'en gagner que deux ou trois autres semblables pour venir entièrement à bout de mes desseins ; et que mon âge n'est point si avancé que, selon le cours ordinaire de la nature, je ne puisse encore avoir assez de loisir pour cet effet. Mais je crois être d'autant plus obligé à ménager le temps qui me reste, que j'ai plus d'espérance de le pouvoir bien employer ; et j'aurais sans doute plusieurs occasions de le perdre si je publiais les fondements de ma physique. Car, encore qu'ils soient presque tous si évidents qu'il ne faut que les entendre pour les croire et qu'il n'y en ait aucun dont je ne pense pouvoir donner des démonstrations, toutefois, à cause qu'il est impossible qu'ils soient accordants avec toutes les diverses opinions des autres hommes, je prévois que je serais souvent diverti par les oppositions qu'ils feraient naître.

14. Volume comprenant la *Dioptrique*, les *Météores* et la *Géométrie*.

60. On peut dire que ces oppositions seraient
utiles, tant afin de me faire connaître mes fautes qu'afin
que, si j'avais quelque chose de bon, les autres en eussent
par ce moyen plus d'intelligence et, comme plusieurs peuvent plus voir qu'un homme seul, que commençant dès
maintenant à s'en servir, ils m'aidassent aussi de leurs inventions. Mais, encore que je me reconnaisse extrêmement sujet à faillir et que je ne me fie quasi jamais aux premières
pensées qui me viennent, toutefois l'expérience que j'ai des
objections qu'on me peut faire m'empêche d'en espérer
aucun profit : car j'ai déjà souvent éprouvé les jugements,
tant de ceux que j'ai tenus pour mes amis que de quelques
autres à qui je pensais être indifférent, et même aussi de
quelques-uns dont je savais que la **malignité** et l'envie   **Malignité** Méchanceté.
tâcheraient assez à découvrir ce que l'affection cacherait à
mes amis ; mais il est rarement arrivé qu'on m'ait objecté
quelque chose que je n'eusse point du tout prévue, si ce n'est
qu'elle fût fort éloignée de mon sujet ; en sorte que je n'ai
quasi jamais rencontré aucun **censeur** de mes opinions   **Censeur** Personne qui
qui ne me semblât ou moins rigoureux, ou moins équi-   contrôle, critique les opi-
table que moi-même[15]. Et je n'ai jamais remarqué non plus   nions ou les actions des
que, par le moyen des disputes qui se pratiquent dans les   autres.
écoles, on ait découvert aucune vérité qu'on ignorât auparavant ; car, pendant que chacun tâche de vaincre, on s'exerce
bien plus à faire valoir la vraisemblance qu'à peser les raisons de part et d'autre ; et ceux qui ont été longtemps bons
avocats ne sont pas pour cela, par après, meilleurs juges.

61. Pour l'utilité que les autres recevraient
de la communication de mes pensées, elle ne pourrait
aussi être fort grande, d'autant que je ne les ai point encore conduites si loin qu'il ne soit besoin d'y ajouter beaucoup de choses avant que de les appliquer à l'usage. Et je
pense pouvoir dire, sans vanité, que s'il y a quelqu'un qui

---

15. Ce n'est pas prétention de la part de Descartes ; simplement, il est contre une certaine tra-
    dition scolastique où on passait beaucoup de temps à « disputer », au lieu de se consacrer
    vraiment à la recherche de la vérité. Descartes croit qu'en réfléchissant avec attention on
    est soi-même capable de découvrir ses erreurs.

en soit capable, ce doit être plutôt moi qu'aucun autre : non pas qu'il ne puisse y avoir au monde plusieurs esprits incomparablement meilleurs que le mien ; mais pour ce qu'on ne saurait si bien concevoir une chose et la rendre sienne, lorsqu'on l'apprend de quelque autre, que lorsqu'on l'invente soi-même. Ce qui est si véritable en cette matière que, bien que j'aie souvent expliqué quelques-unes de mes opinions à des personnes de très bon esprit et qui, pendant que je leur parlais, semblaient les entendre fort distinctement, toutefois, lorsqu'ils les ont redites, j'ai remarqué qu'ils les ont changées presque toujours en telle sorte que je ne les pouvais plus avouer pour miennes. À l'occasion de quoi je suis bien aise de prier ici nos neveux de ne croire jamais que les choses qu'on leur dira viennent de moi lorsque je ne les aurai point moi-même divulguées. Et je ne m'étonne aucunement des extravagances qu'on attribue à tous ces anciens philosophes dont nous n'avons point les écrits, ni ne juge pas, pour cela, que leurs pensées aient été fort déraisonnables, vu qu'ils étaient des meilleurs esprits de leurs temps, mais seulement qu'on nous les a mal rapportées. Comme on voit aussi que presque jamais il n'est arrivé qu'aucun de leurs **sectateurs** les ait surpassés ; et je **m'assure** que les plus passionnés de ceux qui suivent maintenant Aristote se croiraient heureux s'ils avaient autant de connaissance de la nature qu'il en a eu, encore même que ce fût à condition qu'ils n'en auraient jamais davantage. Ils sont comme le lierre, qui ne tend point à monter plus haut que les arbres qui le soutiennent et même souvent qui redescend après qu'il est parvenu jusqu'à leur **faîte** ; car il me semble aussi que ceux-là redescendent, c'est-à-dire se rendent en quelque façon moins savants que s'ils s'abstenaient d'étudier, lesquels, non contents de savoir tout ce qui est **intelligiblement** expliqué dans leur auteur, veulent, outre cela, y trouver la solution de plusieurs difficultés dont il ne dit rien et auxquelles il n'a peut-être jamais pensé. Toutefois, leur façon de philosopher est fort commode pour ceux qui n'ont que des esprits fort médiocres ; car l'obscurité des distinctions et des principes dont ils se

Sectateur Personne adhérant à une philosophie, une secte.

S'assurer Être convaincu.

Faîte Sommet.

Intelligiblement De façon claire, compréhensible.

servent est cause qu'ils peuvent parler de toutes choses aussi hardiment que s'ils les savaient, et soutenir tout ce qu'ils en disent contre les plus subtils et les plus habiles, sans qu'on ait moyen de les convaincre. En quoi ils me semblent pareils à un aveugle qui, pour se battre sans désavantage contre un qui voit, l'aurait fait venir dans le fond de quelque cave fort obscure ; et je puis dire que ceux-ci ont intérêt que je m'abstienne de publier les principes de la philosophie dont je me sers ; car étant très simples et très évidents comme ils sont, je ferais quasi le même en les publiant que si j'ouvrais quelques fenêtres, et faisais entrer du jour dans cette cave où ils sont descendus pour se battre. Mais même les meilleurs esprits n'ont pas occasion de souhaiter les connaître : car, s'ils veulent savoir parler de toutes choses et acquérir la réputation d'être doctes, ils y parviendront plus aisément en se contentant de la vraisemblance, qui peut être trouvée sans grande peine en toutes sortes de matières, qu'en cherchant la vérité, qui ne se découvre que peu à peu en quelques-unes et qui, lorsqu'il est question de parler des autres, oblige à **confesser** franchement qu'on les ignore. Que s'ils préfèrent la connaissance de quelque peu de vérités à la vanité de paraître n'ignorer rien, comme sans doute elle est bien préférable, et qu'ils veuillent suivre un dessein semblable au mien, ils n'ont pas besoin, pour cela, que je leur dise rien davantage que ce que j'ai déjà dit en ce discours. Car, s'ils sont capables de passer plus outre que je n'ai fait, ils le seront aussi, à plus forte raison, de trouver d'eux-mêmes tout ce que je pense avoir trouvé. D'autant que, n'ayant jamais rien examiné que par ordre, il est certain que ce qui me reste encore à découvrir est de soi plus difficile et plus caché que ce que j'ai pu ci-devant rencontrer ; et ils auraient bien moins de plaisir à l'apprendre de moi que d'eux-mêmes ; outre que l'habitude qu'ils acquerront en cherchant premièrement des choses faciles, et passant peu à peu par degrés à d'autres plus difficiles, leur servira plus que toutes mes instructions ne sauraient faire. Comme, pour moi, je me persuade que si on m'eût enseigné dès ma jeunesse

Confesser Avouer.

toutes les vérités dont j'ai cherché depuis les démonstrations, et que je n'eusse eu aucune peine à les apprendre, je n'en aurais peut-être jamais su aucunes autres et du moins que jamais je n'aurais acquis l'habitude et la facilité que je pense avoir d'en trouver toujours de nouvelles, à mesure que je m'applique à les chercher. Et en un mot, s'il y a au monde quelque ouvrage qui ne puisse être si bien achevé par aucun autre que par le même qui l'a commencé, c'est celui auquel je travaille.

62. Il est vrai que, pour ce qui est des expériences qui peuvent y servir, un homme seul ne saurait suffire à les faire toutes ; mais il n'y saurait aussi employer utilement d'autres mains que les siennes, sinon celles des artisans, ou telles gens qu'il pourrait payer et à qui l'espérance du gain, qui est un moyen très efficace, ferait faire exactement toutes les choses qu'il leur prescrirait. Car, pour les volontaires qui, par curiosité ou désir d'apprendre, s'offriraient peut-être de lui aider, outre qu'ils ont pour l'ordinaire plus de promesses que d'effet[16] et qu'ils ne font que de belles propositions dont aucune jamais ne réussit, ils voudraient infailliblement être payés par l'explication de quelques difficultés ou du moins par des compliments et des entretiens inutiles, qui ne lui sauraient coûter si peu de son temps qu'il n'y perdît[17]. Et pour les expériences que les autres ont déjà faites, quand bien même ils les lui voudraient communiquer, ce que ceux qui les nomment des secrets ne feraient jamais, elles sont pour la plupart composées de tant de circonstances ou d'ingrédients superflus qu'il lui serait très malaisé d'en déchiffrer la vérité ; outre qu'il les trouverait presque toutes si mal expliquées, ou même si fausses, à cause que ceux qui les ont faites se sont efforcés de les faire paraître conformes à leurs principes,

16.　« Ils ont plus de promesses que d'effet » : ils promettent bien davantage que ce qu'ils parviennent à accomplir réellement.

17.　Descartes montre à quel point il ne voulait pas perdre de temps en vaines conversations. Cependant, il avait une correspondance soutenue et très diversifiée ; c'est que l'écriture lui permettait de suivre sa pensée à son gré, sans être continuellement interrompu.

que, s'il y en avait quelques-unes qui lui servissent, elles ne pourraient **derechef** valoir le temps qu'il lui faudrait employer à les choisir. De façon que, s'il y avait au monde quelqu'un qu'on sût assurément être capable de trouver les plus grandes choses et les plus utiles au public qui puissent être et que, pour cette cause, les autres hommes s'efforçassent par tous moyens de l'aider à venir à bout de ses desseins, je ne vois pas qu'ils pussent autre chose pour lui, sinon **fournir aux frais** des expériences dont il aurait besoin et, du reste, empêcher que son loisir ne lui fût ôté par l'**importunité** de personne. Mais, outre que je ne présume pas tant de moi-même que de vouloir rien promettre d'extraordinaire, ni ne me repais point de pensées si vaines que de m'imaginer que le public se doive beaucoup intéresser en mes desseins, je n'ai pas aussi l'âme si basse que je voulusse accepter de qui que ce fût aucune faveur[18] qu'on pût croire que je n'aurais pas méritée.

63. Toutes ces considérations jointes ensemble furent cause[19], il y a trois ans, que je ne voulus point divulguer le traité que j'avais entre les mains et même que je fus en résolution de n'en faire voir aucun autre, pendant ma vie, qui fût si général, ni duquel on pût entendre les fondements de ma physique. Mais il y a eu depuis **derechef** deux autres raisons qui m'ont obligé à mettre ici quelques essais particuliers, et à rendre au public quelque compte de mes actions et de mes desseins. La première est que, si j'y manquais, plusieurs, qui ont su l'intention que j'avais eue ci-devant de faire imprimer quelques écrits, pourraient s'imaginer que les causes pour lesquelles je m'en abstiens seraient plus à mon désavantage qu'elles ne sont. Car, bien que je n'aime pas la gloire par excès ou même, si je l'ose dire, que je la haïsse en tant que je la juge contraire au

Derechef Non plus.

Fournir aux frais Contribuer financièrement.

Importunité Dérangement.

Derechef De plus.

---

18. Descartes n'a jamais travaillé contre salaire, car sa fortune personnelle le mettait à l'abri de tout tracas financier. De même, il ne veut pas faire «subventionner» ses travaux, pour ne pas être redevable à qui que ce soit.

19. Descartes conclut son développement sur les raisons qui auraient justifié qu'il publie ou non ses découvertes.

repos, lequel j'estime sur toutes choses, toutefois aussi je n'ai jamais tâché de cacher mes actions comme des crimes, ni n'ai usé de beaucoup de précautions pour être inconnu ; tant à cause que j'eusse cru me faire tort qu'à cause que cela m'aurait donné quelque espèce d'inquiétude, qui eût **derechef** été contraire au parfait repos d'esprit que je cherche.

Derechef De nouveau.

Et pour ce que, m'étant toujours ainsi tenu indifférent entre le soin d'être connu ou ne l'être pas, je n'ai pu empêcher que je n'acquisse quelque sorte de réputation, j'ai pensé que je devais faire mon mieux pour m'exempter au moins de l'avoir mauvaise. L'autre raison qui m'a obligé à écrire ceci est que, voyant tous les jours de plus en plus le retardement que souffre le dessein que j'ai de m'instruire, à cause d'une infinité d'expériences dont j'ai besoin, et qu'il est impossible que je fasse sans l'aide d'autrui, bien que je ne me flatte pas tant que d'espérer que le public prenne grande part en mes intérêts, toutefois je ne veux pas aussi me **défaillir** tant à moi-même, que de donner sujet à ceux qui me survivront de me reprocher quelque jour que j'eusse pu leur laisser plusieurs choses beaucoup meilleures que je n'aurai fait, si je n'eusse point trop négligé de leur faire entendre en quoi ils pouvaient contribuer à mes desseins.

Défaillir Nuire.

64. Et j'ai pensé qu'il m'était aisé de choisir quelques matières qui, sans être sujettes à beaucoup de controverses, ni m'obliger à déclarer davantage de mes principes que je ne désire, ne laisseraient pas de faire voir assez clairement ce que je puis, ou ne puis pas, dans les sciences. En quoi je ne saurais dire si j'ai réussi ; et je ne veux point prévenir les jugements de personne en parlant moi-même de mes écrits ; mais je serai bien aise qu'on les examine ; et, afin qu'on en ait d'autant plus d'occasion, je supplie tous ceux qui auront quelques objections à y faire de prendre la peine de les envoyer à mon libraire, par lequel en étant averti, je tâcherai d'y joindre ma réponse en même temps ; et par ce moyen les lecteurs, voyant ensemble l'un et l'autre, jugeront d'autant plus aisément de la vérité. Car je ne promets pas d'y faire jamais de longues réponses, mais seulement d'avouer mes fautes fort franchement, si je les connais ; ou bien, si je ne les puis apercevoir, de dire simplement ce que je croirai être requis pour la défense des choses que j'ai écrites, sans y ajouter l'explication d'aucune nouvelle matière, afin de ne me pas engager sans fin de l'une en l'autre.

Homme regardant à la lunette astronomique. Page de la *Dioptrique* tirée du *Discours de la méthode* de Descartes (1637). BN.

65. Que si quelques-unes de celles dont j'ai parlé, au commencement de la *Dioptrique* et des *Météores*, choquent d'abord, à cause que je les nomme des suppositions, et que je ne semble pas avoir envie de les prouver, qu'on ait la patience de lire le tout avec attention, et j'espère qu'on s'en trouvera satisfait. Car il me semble que les raisons s'y entresuivent en telle sorte que, comme les dernières sont démontrées par les premières qui sont leurs causes, ces premières le sont réciproquement par les dernières qui sont leurs effets. Et on ne doit pas imaginer que je commette en ceci la faute que les logiciens nomment un cercle[20] ; car l'expérience rendant la plupart de ces effets très certains, les causes dont je les déduis ne servent pas tant à les prouver qu'à les expliquer ; mais, tout au contraire, ce sont elles qui sont prouvées par eux. Et je ne les ai nommées des suppositions qu'afin qu'on sache que je pense les pouvoir déduire de ces premières vérités que j'ai ci-dessus expliquées, mais que j'ai voulu expressément ne le pas faire, pour empêcher que certains esprits, qui s'imaginent qu'ils savent en un jour tout ce qu'un autre a pensé en vingt années, sitôt qu'il leur en a seulement dit deux ou trois mots, et qui sont d'autant plus sujets à **faillir** et moins

Faillir Se tromper.

20. Un cercle est une erreur de logique qui consiste à donner pour preuve la proposition employée comme point de départ. On peut dire qu'il s'agit aussi du sophisme du cercle vicieux ou de la pétition de principe.

capables de la vérité qu'ils sont plus pénétrants et plus vifs, ne puissent de là prendre occasion de bâtir quelque philosophie extravagante sur ce qu'ils croiront être mes principes, et qu'on m'en attribue la faute. Car, pour les opinions qui sont toutes miennes, je ne les excuse point comme nouvelles, d'autant que, si on en considère bien les raisons, je m'assure qu'on les trouvera si simples et si conformes au sens commun, qu'elles sembleront moins extraordinaires et moins étranges qu'aucunes autres qu'on puisse avoir sur mêmes sujets. Et je ne me vante point aussi d'être le premier inventeur d'aucunes, mais bien que je ne les ai jamais reçues, ni pour ce qu'elles avaient été dites par d'autres, ni pour ce qu'elles ne l'avaient point été, mais seulement pour ce que la raison me les a persuadées[21].

66. Que si les artisans ne peuvent si tôt exécuter l'invention[22] qui est expliquée en la *Dioptrique*, je ne crois pas qu'on puisse dire, pour cela, qu'elle soit mauvaise : car, d'autant qu'il faut de l'adresse et de l'habitude pour faire et pour ajuster les machines que j'ai décrites, sans qu'il y manque aucune circonstance, je ne m'étonnerais pas moins s'ils **rencontraient** du premier coup que si quelqu'un pouvait apprendre, en un jour, à jouer du luth excellemment, par cela seul qu'on lui aurait donné de la **tablature** qui serait bonne. Et si j'écris en français, qui est la langue de mon pays, plutôt qu'en latin, qui est celle de mes précepteurs, c'est à cause que j'espère que ceux qui ne se servent que de leur raison naturelle toute pure jugeront mieux de mes opinions que ceux qui ne croient qu'aux livres anciens. Et pour ceux qui joignent le bon sens avec l'étude, lesquels seuls je souhaite pour mes juges, ils ne seront point, je m'assure, si partiaux pour le latin qu'ils refusent d'entendre mes raisons pour ce que je les explique en langue vulgaire.

Rencontrer Réussir.

Tablature Partition musicale.

---

21. Descartes s'en tient toujours à ce que la raison lui enseigne et lui fait découvrir. S'il adopte le point de vue d'un autre, c'est après y avoir mûrement réfléchi.

22. Il s'agit de la façon de tailler les verres ; Descartes explique aussi la construction de lunettes.

67. Au reste, je ne veux point parler ici, en particulier, des progrès que j'ai espérance de faire à l'avenir dans les sciences, ni m'engager envers le public d'aucune promesse que je ne sois pas assuré d'accomplir ; mais je dirai seulement que j'ai résolu de n'employer le temps qui me reste à vivre à autre chose qu'à tâcher d'acquérir quelque connaissance de la nature, qui soit telle qu'on en puisse tirer des règles pour la médecine, plus assurées que celles qu'on a eues jusqu'à présent ; et que mon inclination m'éloigne si fort de toute sorte d'autres desseins, principalement de ceux qui ne sauraient être utiles aux uns qu'en nuisant aux autres, que si quelques occasions me contraignaient de m'y employer, je ne crois point que je fusse capable d'y réussir. De quoi je fais ici une déclaration que je sais bien ne pouvoir servir à me rendre **considérable** dans le monde, mais aussi n'ai-je aucunement envie de l'être ; et je me tiendrai toujours plus obligé à ceux par la faveur desquels je jouirai sans empêchement de mon loisir, que je ne ferais à ceux qui m'offriraient les plus honorables emplois de la terre.

Considérable Bien vu.

EXERCICES D'ANALYSE

ET DE COMPRÉHENSION, SIXIÈME PARTIE

Paragraphe 56
Résumez ce paragraphe en un maximum de deux phrases.

Paragraphe 57
1. Expliquez l'expression « et ainsi nous rendre comme maîtres et possesseurs de la nature ».
2. « Le premier bien et le fondement de tous les autres biens de cette vie » : de quoi s'agit-il ? Résumez ce que pense Descartes de la médecine de son époque.
3. Descartes prétend que « l'esprit dépend si fort du tempérament et de la disposition des organes du corps ». Par ailleurs, il affirme en quatrième partie l'indépendance de l'âme et du corps ; cela vous semble-t-il contradictoire ? Commentez.

Paragraphe 58

1. « Car, pour le commencement, il vaut mieux ne se servir que de celles [les expériences] qui se présentent d'elles-mêmes à nos sens et que nous ne saurions ignorer, pourvu que nous y fassions tant soit peu de réflexion, que d'en chercher de plus rares et étudiées. » Descartes accorde dans cette phrase du crédit aux expériences qui proviennent de nos sens ; par contre, au paragraphe 36, il nous invite à nous en méfier : « nos sens nous trompent quelquefois ». Y voyez-vous une contradiction ? Expliquez.

2. Exposez l'ordre qu'a suivi Descartes pour trouver la vérité.

Paragraphe 59

1. Indiquez la principale raison évoquée par Descartes pour ne pas publier son œuvre.

2. Commentez : « Chaque homme est obligé de procurer, autant qu'il est en lui, le bien des autres et que c'est probablement ne valoir rien que de n'être utile à personne. »

3. Expliquez la comparaison dans laquelle Descartes fait intervenir ceux qui commencent à devenir riches ou qui sont chefs d'armée.

Paragraphe 60

1. Expliquez en quoi les (trois) objections faites à Descartes pourraient lui être utiles.

2. Reformulez la position de Descartes lorsqu'il répond à la première objection.

3. « Je ne me fie quasi jamais aux premières pensées qui me viennent. » Mettez cette phrase en relation avec l'opposition défiance-présomption que vous avez établie au paragraphe 3.

Paragraphe 61

1. Descartes répond à la deuxième objection présentée au paragraphe 60 ; reformulez sa position.

2. Expliquez les comparaisons de l'aveugle et du lierre qu'emploie Descartes dans ce paragraphe.

3. Pourquoi Descartes semble-t-il croire qu'il est préférable de penser par soi-même plutôt que d'apprendre des autres ? Comparez avec ce qu'il dit au paragraphe 16.

Paragraphe 62
Descartes répond à la troisième objection présentée au paragraphe 60 ; reformulez sa position.

Paragraphe 63
Résumez les deux raisons pour lesquelles Descartes a finalement décidé de publier ses travaux.

Paragraphe 66
Commentez : « […] ceux qui joignent le bon sens avec l'étude, lesquels seuls je souhaite pour mes juges […] »

Paragraphe 67
Résumez le projet que nourrit Descartes.

QUESTIONS

D'ENSEMBLE

1. Quel est le thème de cette sixième partie ? Quelle en est l'idée principale ?

2. Résumez en un maximum de deux phrases
   a) le paragraphe 56 ;
   b) les paragraphes 57 et 58 ;
   c) les paragraphes 59 à 62 ;
   d) les paragraphes 63 à 67.
   Assurez-vous de faire le lien entre vos quatre résumés.

3. Quelles sont les raisons qui amènent Descartes à publier le *Discours de la méthode* ?

4. Commentez l'expression de Descartes « comme maîtres et possesseurs de la nature ». Avait-il vu juste ? Sommes-nous devenus maîtres et possesseurs de la nature ? Dégagez les conséquences de vos affirmations.

QUESTIONS D'ENSEMBLE

SUR LE *DISCOURS DE LA MÉTHODE*

Jan Steen, *La Saint-Nicolas* (détail). Musée d'Amsterdam.

1. Dégagez les thèmes majeurs et les concepts centraux du *Discours de la méthode*, et formulez le « dessein » de Descartes.

2. Résumez en un paragraphe par partie du *Discours* les propos qu'y tient Descartes. En résumant chaque partie, vous devez répondre aux questions suivantes.

a) Dans la première partie, Descartes soutient que le bon sens est limité s'il n'est pas appuyé par une méthode. Comment établit-il son raisonnement ?

b) Dans la deuxième partie, Descartes assure aux sciences un fondement nouveau qui n'est pas le scepticisme. Comment l'affirme-t-il ?

c) Dans la troisième partie, on constate que le doute de Descartes ne porte que sur les choses théoriques, mais non sur l'action et sur l'existence. Comment Descartes justifie-t-il cette distinction ?

d) Dans la quatrième partie, le doute conduit à la certitude du *cogito* et à celle de l'existence de Dieu. Comment peut-on penser qu'il s'agit d'évidences rationnelles ?

e) Dans la cinquième partie, Descartes affirme que la création est régie par des lois mécaniques, ce qui le conduit à expliquer les mouvements du cœur et à présenter la théorie des « animaux-machines ». Qu'en est-il de la conception cartésienne de l'être humain ?

f) Dans la sixième partie, Descartes fait appel à la communauté des chercheurs, car, selon lui, la science rendra les hommes « comme maîtres et possesseurs de la nature ». Qu'entend-il au juste par cette expression ?

3. Il faut chercher l'humain dans la diversité des opinions et des mœurs. Que penserait Descartes de cette affirmation ?

4. Peut-on se fier à l'évidence ?

5. La vérité a sa source dans la raison et non dans l'érudition ou dans l'autorité des maîtres. Démontrez cette affirmation.

6. La philosophie s'apparente à la science et concerne toutes les personnes qui veulent penser avec rigueur et clarté. Commentez.

7. La raison se caractérise par la volonté de mettre de l'ordre dans les choses. Commentez à l'aide du *Discours de la méthode*.

8. Qu'est-ce que philosopher pour Descartes *ou* en quoi consiste l'autonomie de la raison selon lui ?

9. Quelque inégaux que soient les esprits, ils peuvent par la méthode accéder à la vérité. Commentez.

10. Démontrez l'utilité du doute cartésien.

11. À l'aide des propos de Descartes, démontrez que l'acte humain premier est celui de penser.

12. Discutez, à l'aide des propos de Descartes, l'affirmation scolastique selon laquelle rien ne parvient à l'esprit qui n'ait d'abord été dans les sens.

13. Comment Descartes démontre-t-il que Dieu est le fondement de notre pensée et garantit la valeur du savoir?

14. Descartes est un sage tant par ses idées sur la conduite de la vie que par ses idées sur la recherche de la vérité. Commentez.

15. Des écologistes contemporains voient en Descartes l'un des premiers philosophes à prôner la maîtrise de la nature. Commentez.

MORCEAUX

CHOISIS

Jan Steen, *Fête flamande dans l'intérieur d'une auberge*. Paris, Musée du Louvre.

I. Du bon sens et de la présomption

Nous savons que Descartes lisait Montaigne, et nous retrouvons l'influence de cet écrivain dans plusieurs passages de son œuvre. Dans les extraits qui suivent, nous avons retenu les thèmes du «bon sens» et de la présomption.

On dit communément que le plus juste partage que nature nous ait fait de ses grâces, c'est celui du sens : car il n'est aucun qui ne se contente de ce qu'elle lui en a distribué. (*Voir le paragraphe 1 du* Discours.)

Il y a une autre sorte de gloire, qui est une trop bonne opinion que nous concevons de notre valeur. C'est une affection inconsidérée, de quoi nous nous chérissons, qui nous représente à nous-mêmes autres que nous ne sommes : comme la passion amoureuse prête des beautés et des grâces au sujet qu'elle embrasse, et fait que ceux qui en sont épris trouvent, d'un jugement trouble et altéré, ce qu'ils aiment autre et plus parfait qu'il n'est.

Je ne veux pas que, de peur de faillir de ce côté-là, un homme se méconnaisse pourtant, ni qu'il pense être moins que ce qu'il est. Le jugement doit tout partout maintenir son droit : c'est raison qu'il voie en ce sujet, comme ailleurs, ce que la vérité lui présente. Si c'est César, qu'il se trouve hardiment le plus grand capitaine du monde.

Il y a deux parties en cette gloire : savoir est, de s'estimer trop, et n'estimer pas assez autrui. Quant à l'une, il me semble premièrement ces considérations devoir être mises en compte, que je me sens pressé d'une erreur d'âme qui me déplaît, et comme inique, et encore plus comme importune. J'essaie à la corriger ; mais l'arracher, je ne puis. C'est que je diminue du juste prix des choses que je possède, de ce que je les possède ; et hausse le prix aux choses, d'autant qu'elles sont étrangères, absentes et non miennes.

La philosophie ne me semble jamais avoir si beau jeu que quand elle combat notre présomption et vanité, quand elle reconnaît de bonne foi son irrésolution, sa faiblesse et son ignorance. Il me semble que la mère nourrice des plus fausses opinions et publiques et particulières, c'est la trop bonne opinion que l'homme a de soi. (*Voir le paragraphe 3 du* Discours.)

MONTAIGNE, Michel de. *Essais*, tome 2, 1580, édition présentée, établie et annotée par Pierre Michel, Paris, Gallimard et Librairie générale française, coll. Le livre de poche, 1965, p. 291-294, 319.

II. UNE SAGESSE HUMAINE

Socrate et Descartes se ressemblent, notamment dans leur quête de la vérité, et dans leur revendication d'une pensée débarrassée des carcans et des barrières qui lui sont imposés. Dans les paragraphes que le présent extrait accompagne (paragraphes 3, 11 et 13), Descartes expose le statut et le sens de sa recherche philosophique : découvrir la vérité dans les limites de la rationalité humaine. Socrate, dans les extraits suivants, se réclame de cette rationalité et de cette sagesse humaines.

[…] je ne dois cette renommée à rien d'autre qu'à une sorte de sagesse. Mais quelle est cette sagesse ? C'est peut-être précisément une sagesse d'homme. Car, réellement, j'ai chance de posséder cette sagesse-là : et sans doute les autres dont j'ai parlé tout à l'heure en ont une supérieure à la sagesse proprement humaine, ou alors je ne sais qu'en dire ; car pour moi je ne la sais pas, et quiconque le prétend ment et parle pour me calomnier. (*Voir les paragraphes 3 et 11 du* Discours.)

[…] mais lui croit savoir quelque chose, alors qu'il ne sait rien, tandis que moi, si je ne sais rien, je ne crois pas non plus savoir. Je me fais du moins l'effet d'être plus sage que cet homme justement par ce mince avantage, que ce que je ne sais pas, je ne crois pas non plus le savoir. (*Voir le paragraphe 13 du* Discours.)

PLATON. *Apologie de Socrate* (v. 396 av. J.-C.), 20 *d - e* et 2 *d*, trad. de Bernard Piettre et Renée Piettre in André Carrier *et al.*, *Apologie de Socrate, Introduction à la philosophie*, Anjou, CEC, 1995, p. 55-58.

III. Les yeux fermés

Le rôle de la philosophie dans les sociétés humaines est «civilisateur»: en se servant de leur rationalité, les êtres humains s'éloignent des animaux et des «barbares» pour accomplir leur vraie nature. Ce cheminement, ce n'est pas seulement celui de la civilisation, c'est aussi celui de tout être humain qui doit utiliser sa raison de façon autonome et éclairée. La comparaison avec les yeux fermés le confirme: vivre les yeux fermés, vivre sans réfléchir, c'est se priver des beautés de la nature et de la vie; c'est laisser à d'autres la conduite de sa vie plutôt que d'être son propre guide.

J'aurais ensuite fait considérer l'utilité de cette philosophie, et montré que, puisqu'elle s'étend à tout ce que l'esprit humain peut savoir, on doit croire que c'est elle seule qui nous distingue des plus sauvages et barbares, et que chaque nation est d'autant plus civilisée et polie que les hommes y philosophent mieux; et ainsi que c'est le plus grand bien qui puisse être dans un État que d'avoir de vrais philosophes. Et outre cela que, pour chaque homme en particulier, il n'est pas seulement utile de vivre avec ceux qui s'appliquent à cette étude, mais qu'il est incomparablement meilleur de s'y appliquer soi-même; comme sans doute il vaut beaucoup mieux se servir de ses propres yeux pour se conduire, et jouir par même moyen de la beauté des couleurs et de la lumière, que non pas de les avoir fermés et suivre la conduite d'un autre; mais ce dernier est encore meilleur que de les tenir fermés et n'avoir que soi pour se conduire. Or, c'est proprement avoir les yeux fermés, sans tâcher jamais de les ouvrir, que de vivre sans philosopher; et le plaisir de voir toutes les choses que notre vue découvre n'est point comparable à la satisfaction que donne la connaissance de celles qu'on trouve par la philosophie; et, enfin, cette étude est plus nécessaire pour régler nos mœurs et nous conduire en cette vie, que n'est l'usage de nos yeux pour guider nos pas. (*Voir le paragraphe 3.*)

Descartes, René. *Principes de la philosophie* (1644), préface in *Œuvres et lettres*, introduction, chronologie, bibliographie et notes d'André Bridoux, Bruges, Gallimard, coll. La Pléiade, 1966, p. 558.

IV. LE DOUTE: UN MOYEN DE FAIRE LE TRI

On retrouve dans les deux passages de cet extrait, comme au paragraphe 17 du Discours, la volonté de Descartes de fonder la science sur des bases solides et, pour ce faire, de «tout reprendre depuis le début». Les préjugés de l'enfance, l'éducation reçue, les opinions formées trop rapidement, la culture dans laquelle nous baignons et, particulièrement au temps de Descartes, le dogmatisme nous empêchent bien souvent d'utiliser notre raison à bon escient et d'accéder à la vérité.

Supposons qu'un homme ait un panier plein de pommes, qu'il craigne que certaines de ces pommes ne soient pourries, et veuille les enlever de peur que les autres ne se corrompent à leur tour, comment s'y prendrait-il? Ne commencerait-il pas par les jeter toutes et vider entièrement son panier? Ensuite, les examinant par ordre les unes après les autres, il reprendrait celles qu'il jugerait intactes pour les remettre dans le panier, en laissant les autres de côté. Pareillement, ceux qui n'ont jamais bien philosophé ont l'esprit plein d'opinions qui s'y sont accumulées depuis leur enfance, et comme ils craignent, à juste titre, que certaines ne soient fausses, ils s'efforcent de les séparer des autres afin qu'elles ne les rendent pas toutes incertaines en s'y mélangeant. Et ils n'ont pas de meilleure manière de s'y prendre, que de les rejeter une bonne fois toutes ensemble comme incertaines ou fausses, puis, les examinant avec ordre, une par une, de ne reprendre que celles qu'ils reconnaîtront ensuite indubitablement vraies. (*Voir le paragraphe 17 du* Discours.)

Rapporté par Étienne Gilson in DESCARTES, René. *Discours de la méthode* (1637), introduction et notes d'Étienne Gilson, Paris, Vrin, 1964, p. 62, note 3.

Il y a déjà quelque temps que je me suis aperçu que, dès mes premières années, j'avais reçu quantité de fausses opinions pour véritables, et que ce que j'ai depuis fondé sur des principes si mal assurés ne pouvait être que fort douteux et incertain; de façon qu'il me fallait entreprendre sérieusement une fois en ma vie de me défaire de toutes les opinions que j'avais reçues jusques alors en ma créance, et commencer tout de nouveau dès les fondements, si je voulais établir quelque chose de ferme et de constant dans les sciences. (*Voir le paragraphe 17 du* Discours.)

DESCARTES, René. *[1res] Méditations métaphysiques* (1641) in *Œuvres et lettres*, introduction, chronologie, bibliographie et notes d'André Bridoux, Bruges, Gallimard, coll. La Pléiade, 1966, p. 267.

V. L'ORDRE DE LA MÉTHODE

La méthode que propose Descartes n'est ni compliquée ni savante; il s'agit simplement de bien prendre le temps d'analyser (de décomposer) le problème qui se présente et de conduire par la suite notre raisonnement de façon rigoureuse.

Toute la méthode consiste dans l'ordre et la disposition des choses vers lesquelles il faut tourner le regard de l'esprit, pour découvrir quelque vérité. Or nous la suivrons exactement, si nous ramenons graduellement les propositions compliquées et obscures aux plus simples, et si ensuite, partant de l'intuition des plus simples, nous essayons de nous élever par les mêmes degrés à la connaissance de toutes les autres. (*Voir les règles 2 et 3 de la méthode aux paragraphes 23 et 24 du* Discours.)

DESCARTES, René. *Règles pour la direction de l'esprit; règle V* (1701) in *Œuvres et lettres*, introduction, chronologie, bibliographie et notes d'André Bridoux, Bruges, Gallimard, coll. La Pléiade, 1966, p. 52.

VI. L'USAGE DE LA VIE ET DE LA VÉRITÉ

La conduite de la pensée et la conduite de la vie exigent deux attitudes différentes: pour conduire notre pensée correctement, nous pouvons accepter de vivre le doute et de suspendre notre jugement le temps d'établir une vérité irréfutable. Transposer la même attitude dans la conduite de la vie nous paralyserait, nous rendrait impuissant. Il nous faut au contraire opter pour un certain nombre de valeurs et de principes et s'y tenir, quitte à les remettre en question lorsque certaines certitudes auront été rationnellement dégagées.

Au reste, je vous prie ici de vous souvenir que, touchant les choses que la volonté peut embrasser, j'ai toujours mis une très grande distinction entre l'usage de la vie et la contemplation de la vérité. Car, pour ce qui regarde l'usage de la vie, tant s'en faut que je pense qu'il ne faille suivre que les choses que nous connaissons très clairement, qu'au contraire je tiens qu'il ne faut pas même toujours attendre les plus vraisemblables, mais qu'il faut quelquefois, entre plusieurs choses tout à fait inconnues et incertaines, en choisir une et s'y déterminer, et après cela ne la pas croire moins fermement, tant que nous ne voyons point de raisons au contraire, que si nous l'avions choisie pour des raisons certaines et très évidentes, ainsi que j'ai déjà expliqué dans le *Discours de la Méthode*. Mais où il ne s'agit que de la contemplation de la vérité, qui a jamais nié qu'il faille suspendre son jugement à l'égard des choses obscures, et qui ne sont pas assez distinctement connues? [...]

Descartes insiste sur le fait que, dans les Méditations, *il se préoccupait seulement de la recherche de la vérité:* «[...] je ne pouvais trop douter ni user de trop de défiance en ce lieu-là, d'autant que je ne m'appliquais pas alors aux choses qui regardent l'usage de la vie, mais seulement à la recherche de la vérité.» (*Voir le paragraphe 30 du* Discours.)

DESCARTES, René. *Méditations métaphysiques; réponses de l'auteur aux secondes objections* (1641) in *Œuvres et lettres*, introduction, chronologie, bibliographie et notes d'André Bridoux, Bruges, Gallimard, coll. La Pléiade, 1966, p. 382-383.

De l'irrésolution

L'irrésolution est aussi une espèce de crainte qui, retenant l'âme comme en balance entre plusieurs actions qu'elle peut faire, est cause qu'elle n'en exécute aucune, et ainsi qu'elle a du temps pour choisir avant que de se déterminer, en quoi véritablement elle a quelque usage qui est bon ; mais lorsqu'elle dure plus qu'il ne faut, et qu'elle fait employer à délibérer le temps qui est requis pour agir, elle est fort mauvaise. [...] le remède contre cet excès est de s'accoutumer à former des jugements certains et déterminés touchant toutes les choses qui se présentent, et à croire qu'on s'acquitte toujours de son devoir lorsqu'on fait ce qu'on juge être le meilleur, encore que peut-être on juge très mal. (*Voir le paragraphe 30 du* Discours.)

Descartes, René. *Les passions de l'âme* (1649) in *Œuvres et lettres*, introduction, chronologie, bibliographie et notes d'André Bridoux, Bruges, Gallimard, coll. La Pléiade, 1966, p. 777, art. 170.

VII. La morale stoïcienne

Descartes connaissait bien la morale stoïcienne et il en avait retenu cette idée qu'il valait mieux accepter le monde tel qu'il est, s'y conformer, plutôt que tenter de le changer. Cette attitude sera à la base de sa morale provisoire ; Descartes veut consacrer son temps à la recherche de la vérité, à la reconstruction de la philosophie et de la science, et ne veut pas s'égarer en des réformes sociales ou politiques dont on ne peut connaître le résultat.

7.1 Il n'y a dans l'univers que deux sortes de choses: les unes dépendent de nous, les autres non. Dépendent de nous nos opinions, les élans de notre volonté, désirs ou aversions, en un mot tout ce qui est l'âme. Ne dépendent pas de nous, notre corps, la richesse, la célébrité, le pouvoir, en un mot tout ce qui n'est pas notre œuvre.

Les choses qui dépendent de nous sont par nature libres, échappent aux empêchements des hommes ou aux entraves des choses. Celles qui ne dépendent pas de nous sont fragiles, esclaves, empêchées, étrangères à nous.

Souviens-toi donc que si tu crois libre ce qui est par nature esclave, et propre à toi ce qui t'est étranger, tu ne connaîtras qu'entraves, tristesses, troubles, tu t'en prendras aux dieux et aux hommes. Mais si tu ne considères comme à toi que cela seul qui est à toi et comme étranger ce qui t'est en effet étranger, nul ne pourra jamais te contraindre ou t'entraver, tu ne t'en prendras à personne, n'accuseras personne, ne feras rien contre ton gré, et personne ne te nuira. Tu n'auras pas d'ennemi puisque rien ne te fera souffrir.

Toi donc qui aspires à un si grand idéal, souviens-toi qu'il faut des efforts considérables pour s'en saisir. Tu devras renoncer absolument à certaines choses, et remettre certaines autres à plus tard. Si tu veux avoir, en même temps que la sagesse, le pouvoir et la fortune, il est possible que tu n'atteignes même pas ceci, occupé à poursuivre cela ; mais il est sûr que tu manqueras les biens qui seuls procurent la liberté et le bonheur.

À toute idée pénible, prends l'habitude de dire aussitôt : « Tu n'es qu'image et tu ne représentes pas du tout la réalité. » Après quoi examine-la, soumets-la aux règles que tu possèdes, surtout à la première : se rapporte-t-elle aux choses qui dépendent de nous ou aux choses qui ne dépendent pas de nous ? Si elle se rapporte aux choses qui ne dépendent pas de nous, la réponse est toute prête : « Cela ne me concerne pas. »

7.2 Souviens-toi que la raison d'être du désir est d'en obtenir l'objet, et la raison d'être de l'aversion, de n'en pas rencontrer l'objet. Quiconque échoue dans son désir est infortuné, quiconque se heurte à l'objet de son aversion est malheureux. Si donc tu réserves ton aversion, parmi les choses qui dépendent de toi, aux choses contraires à la nature, tu ne te heurteras jamais à ce qui te répugne. Mais si tu t'avises de détester la maladie, la mort, la pauvreté, tu seras malheureux. Retire donc ton aversion de tout ce qui ne dépend pas de nous, pour la reporter, dans le domaine qui dépend de nous, aux choses contraires à la nature. Quant au désir, supprime-le radicalement pour le moment. Car si tu désires une des choses qui ne dépendent pas de nous, tu es forcément malheureux ; celles qui dépendent de nous, et qu'il serait beau de désirer, ne sont pas encore à ta portée. Contente-toi d'aspirations ou de répugnances, mais légères, sous réserves, et avec modération. (*Voir le paragraphe 32 du Discours.*)

Épictète. *Manuel*, trad. de Marcel Caster, Paris, Éditions Payot et Rivages, 1994, p. 17-20.

VIII. La démarche cartésienne

Descartes résume en quelques lignes la démarche qu'il a suivi dans le Discours ; il s'agit aussi de la méthode à suivre pour atteindre la certitude. D'abord, le doute nous délivre des erreurs ainsi que des préjugés, et nous permet de poser le cogito et l'existence de Dieu. Par la suite, nous sommes en mesure de reconnaître les idées claires et distinctes et, progressivement, de reconstruire l'édifice de la raison sur des fondements assurés.

Abrégé de tout ce qu'on doit observer pour bien philosopher

C'est pourquoi, si nous désirons vaquer sérieusement à l'étude de la philosophie et à la recherche de toutes les vérités que nous sommes capables de connaître, nous nous délivrerons en premier lieu de nos préjugés, et ferons état de rejeter toutes les opinions que nous avons autrefois reçues en notre créance, jusqu'à ce que nous les ayons derechef examinées ; nous ferons ensuite une revue sur les notions qui sont en nous, et ne recevrons pour vraies que celles qui se présenteront clairement et distinctement à notre entendement. Par ce moyen, nous connaîtrons premièrement que nous sommes, en tant que notre nature est de penser, et qu'il y a un Dieu duquel nous dépendons ; et après avoir considéré ses attributs nous pourrons rechercher la vérité de toutes les autres choses, parce qu'il en est la cause. Outre les notions que nous avons de Dieu et de notre pensée, nous trouverons aussi en nous la connaissance de beaucoup de propositions qui sont perpétuellement vraies, comme par exemple, que le néant ne peut être l'auteur de quoi que ce soit, etc. Nous y trouverons l'idée d'une nature corporelle ou étendue, qui peut être mue, divisée, etc., et des sentiments qui causent en nous certaines dispositions, comme la douleur, les couleurs, etc. ; et, comparant ce que nous venons d'apprendre en examinant ces choses par ordre, avec ce que nous en pensions avant que de les avoir ainsi examinées, nous nous accoutumerons à former des conceptions claires et distinctes sur tout ce que nous sommes capables de connaître. C'est en ce peu de préceptes que je pense avoir compris tous les principes plus généraux et plus importants de la connaissance humaine. (*Voir la quatrième partie du* Discours.)

DESCARTES, René. *Principes de la philosophie* (1644) in *Œuvres et lettres*, introduction, chronologie, bibliographie et notes d'André Bridoux, Bruges, Gallimard, coll. La Pléiade, 1966, p. 610.

IX. UNE PREUVE DE L'EXISTENCE DE DIEU

Descartes reprend en d'autres mots la première preuve de l'existence de Dieu. Cette idée de Dieu, il ne la conçoit pas en imaginant ce qu'il n'est pas, comme la lumière est la négation et l'antithèse des ténèbres, mais plutôt parce qu'il a en lui cette notion du plein, de l'entier, de l'absolu, qu'il n'est pourtant pas.

Par le nom de Dieu j'entends une substance infinie, éternelle, immuable, indépendante, toute connaissante, toute-puissante, et par laquelle moi-même, et toutes les autres choses qui sont (s'il est vrai qu'il y en ait qui existent) ont été créées et produites. [...] Et par conséquent il faut nécessairement conclure de tout ce que j'ai dit auparavant que Dieu existe ; car, encore que l'idée de la substance soit en moi, de cela même que je suis une substance, je n'aurais pas néanmoins l'idée d'une substance infinie, moi qui suis un être fini, si elle n'avait été mise en moi par quelque substance qui fût véritablement infinie.

Et je ne me dois pas imaginer que je ne conçois pas l'infini par une véritable idée, mais seulement par la négation de ce qui est fini, de même que je comprends le repos et les ténèbres par la négation du mouvement et de la lumière : puisque au contraire je vois manifestement qu'il se rencontre plus de réalité dans la substance infinie que dans la substance finie, et partant que j'ai en quelque façon premièrement en moi la notion de l'infini, que du fini, c'est-à-dire de Dieu, que de moi-même. Car comment serait-il possible que je pusse connaître que je doute et que je désire, c'est-à-dire qu'il me manque quelque chose et que je ne suis pas tout parfait, si je n'avais en moi aucune idée d'un être plus parfait que le mien, par la comparaison duquel je connaîtrais les défauts de ma nature ? (*Voir le paragraphe 39 du* Discours.)

DESCARTES, René. *[3es] Méditations métaphysiques* (1641) in *Œuvres et lettres,* introduction, chronologie, bibliographie et notes d'André Bridoux, Bruges, Gallimard, coll. La Pléiade, 1966, p. 294.

X. LE CORPS COMME UNE MACHINE

Descartes *explique dans les passages suivants comment, selon lui, le corps est une machine qui pourrait fonctionner de façon indépendante de l'âme. On peut voir ainsi comment ses idées se rattachent à la conception mécaniste de l'univers qui se développe dans son temps, et selon laquelle la nature (et l'être humain) peut être connue et interprétée par les seules lumières de la raison. On se défait peu à peu à cette époque d'une conception de l'univers finaliste, qui répondrait à quelque dessein mythique ou religieux, pour adopter une conception scientifique de la matière.*

Je désire que vous considériez, après cela, que toutes les fonctions que j'ai attribuées à cette machine, comme la digestion des viandes, le battement du cœur et des artères, la nourriture et la croissance des membres, la respiration, la veille et le sommeil ; la réception de la lumière, des sons, des odeurs, des goûts, de la chaleur, et de telles autres qualités, dans les organes des sens extérieurs ; l'impression de leurs idées dans l'organe du sens commun et de l'imagination, la rétention ou l'empreinte de ces idées dans la mémoire ; les mouvements intérieurs des appétits et des passions; et enfin les mouvements extérieurs de tous les membres, qui suivent si à propos, tant des actions des objets qui se présentent aux sens, que des passions et des impressions qui se rencontrent dans la mémoire, qu'ils imitent le plus parfaitement qu'il est possible ceux d'un vrai homme : je désire, dis-je, que vous considériez que ces fonctions suivent toutes naturellement, en cette machine, de la seule disposition de ses organes, ne plus ne moins que font les mouvements d'une horloge, ou autre automate, de celle de ses contre-poids et de ses roues; en sorte qu'il ne faut point à leur occasion concevoir en elle aucune autre âme végétative, ni sensitive, ni aucun autre principe de mouvement et de vie, que son sang et ses esprits, agités par la chaleur du feu qui brûle continuellement dans son cœur, et qui n'est point d'autre nature que tous les feux qui sont dans les corps inanimés. (*Voir le paragraphe 47 du* Discours.)

Et sachez que la chair du cœur contient dans ses pores un de ces feux sans lumières, dont je vous ai parlé ci-dessus, qui la rend si chaude et si ardente, qu'à mesure qu'il entre du sang dans quelqu'une des deux chambres ou concavités qui sont en elle, il s'y enfle promptement, et s'y dilate : ainsi que vous pourrez expérimenter que fera le sang ou le lait de quelque animal que ce puisse être, si vous le versez goutte à goutte dans un vase qui soit fort chaud. Et le feu qui est dans le cœur de la machine que je vous décris, n'y sert à autre chose qu'à dilater, échauffer, et subtiliser ainsi le sang, qui tombe continuellement goutte à goutte, par un tuyau de la veine cave, dans la concavité de son côté droit, d'où il s'exhale dans le poumon; et de la veine du poumon, que les anatomistes ont nommée l'*Artère veineuse*, dans son autre concavité, d'où il se distribue par tout le corps. (*Voir le paragraphe 47 du* Discours.)

Descartes, René. *Traité de l'homme* (1644) in *Œuvres et lettres*, introduction, chronologie, bibliographie et notes d'André Bridoux, Bruges, Gallimard, coll. La Pléiade, 1966, p. 873 (1er extrait), 809 (2e extrait).

[...] Descartes présente, comme exemple privilégié de la méthode, une explication du mouvement du cœur. À cette époque, ce choix est remarquable pour trois raisons. D'abord parce que le cœur est un sujet traditionnellement important dans les traités médicaux, où il dispute au cerveau, ou à une partie du cerveau, le rôle médiateur entre l'âme et le corps. Ensuite parce que les anatomistes qui étudient le mouvement du cœur insistent sur la difficulté extrême d'en donner une explication, accessible seulement à «Dieu ou la Nature», selon les termes de Fracastor, repris par la plupart des anatomistes. Enfin parce que traiter de cette question en 1637, c'est se prononcer sur le livre déjà controversé de William Harvey, paru en 1628 : l'*Exercitatio de motu cordi et sanguinis in animalibus*, autrement dit la démonstration du mouvement du cœur et du mouvement circulaire du sang dans les animaux.

L'explication cartésienne du mouvement du cœur est novatrice parce qu'elle institue une rupture radicale par rapport à la tradition médicale. Elle rejette en effet tout recours aux «facultés» issues de la tradition galénique[1], et associe la découverte récente de la circulation du sang par William Harvey à une explication mécanique de la chaleur du cœur conçue comme «principe de vie». En dissociant cœur et âme, Descartes témoigne du rejet de la pensée aristotélicienne[2], si présente dans les traités médicaux. (*Voir le paragraphe 48 du* Discours.)

BITBOL-HESPÉRIES, Annie. «Le *Discours de la méthode*, Anthropologie et médecine», *Magazine littéraire*, n⁰ 342, avril 1996, p. 58-59.

---

1. Galien était un médecin grec (131–201) qui a fait des découvertes importantes en anatomie; on a utilisé ses théories jusqu'au Moyen Âge. Il faisait souvent référence, pour expliquer des phénomènes corporels, à des « humeurs» ou à des «forces». Descartes, au contraire, tentera de montrer qu'on peut expliquer ces phénomènes sans recourir à des qualités ou à des forces indémontrables.

2. Aristotélicien : relatif à la doctrine d'Aristote.

XI. UN DISCOURS

Il ne faut pas perdre de vue, même si on étudie le Discours de la méthode *pour sa valeur intrinsèque, que Descartes l'avait fait publier comme introduction à des œuvres scientifiques. Il veut exposer sa méthode non pas de façon dogmatique, ce qui serait répéter les erreurs qu'il reproche aux autres, mais de façon narrative, sous la forme de ce qu'on appellerait aujourd'hui un récit de vie, pour laisser au lecteur la possibilité d'y adhérer ou non, selon ses convictions.*

[...] je ne mets pas *Traité de la Méthode*, mais *Discours de la Méthode*, ce qui est le même que *Préface ou Avis touchant la Méthode*, pour montrer que je n'ai pas dessein de l'enseigner, mais seulement d'en parler. Car comme on peut voir de ce que j'en dis, elle consiste plus en pratique qu'en théorie, et je nomme les traités suivants des *Essais de cette Méthode*, parce que je prétends que les choses qu'ils contiennent n'ont pu être trouvées sans elle, et qu'on peut connaître par eux ce qu'elle vaut : comme aussi j'ai inséré quelque chose de métaphysique, de physique et de médecine dans le premier discours, pour montrer qu'elle s'étend à toutes sortes de matières.

> DESCARTES, René. *Lettre à Mersenne, mars 1637* in *Œuvres et lettres*, introduction, chronologie, bibliographie et notes d'André Bridoux, Bruges, Gallimard, coll. La Pléiade, 1966, p. 960.

XII. LA MÉTHODE DE L'ABEILLE

Francis Bacon (1561–1626) est un philosophe anglais contemporain de Descartes. À la différence de celui-ci, il a une carrière politique importante ; toutefois, son œuvre philosophique, tout comme celle de Descartes, repose sur une rupture avec la tradition scolastique. Bacon refuse, comme on le voit dans les extraits présentés ci-après, à la fois l'empirisme spontané et le rationalisme abstrait : la connaissance scientifique est selon lui la recherche des causes naturelles des faits ; il accorde une large place à la méthode expérimentale.

Ceux qui ont traité les sciences furent ou des empiriques ou des dogmatiques. Les empiriques, à la manière des fourmis, se contentent d'amasser et de faire usage ; les rationnels, à la manière des araignées, tissent des toiles à partir de leur propre substance ; mais la méthode de l'abeille tient le milieu : elle recueille sa matière des fleurs des jardins et des champs, mais la transforme et la digère par une faculté qui lui est propre. Le vrai travail de la philosophie est à cette image. Il ne cherche pas son seul ou principal appui dans les forces de l'esprit ; et la matière que lui offre l'histoire naturelle et les expériences mécaniques, il ne la dépose pas telle quelle dans la mémoire, mais modifiée et transformée dans l'entendement. Aussi, d'une alliance plus étroite et plus respectée entre ces deux facultés, expérimentale et rationnelle (alliance qui reste à former), il faut bien espérer.

Quant à l'expérience (puisqu'il faut entièrement y revenir), elle a jusqu'à présent manqué de fondements ou n'en a connu que de très fragiles. On n'a pas recherché ni rassemblé une vaste matière ou une forêt de particuliers qui, par sa quantité, son genre ou sa certitude, soit propre à informer l'entendement, ou qui suffise de quelque façon. Tout au contraire (avec une réelle nonchalance et négligence), les savants se sont bornés, pour établir ou confirmer leur philosophie, à recueillir des rumeurs, des on-dit et des échos d'expérience, auxquels ils ont pourtant attribué le poids d'un témoignage légitime. Tel serait un royaume ou un État qui gouvernerait ses conseils et ses affaires, non d'après les lettres et les rapports envoyés par des légats et des messagers dignes de foi, mais d'après les racontars des rues et des carrefours ; telle est exactement l'administration qui a été introduite en philosophie, relativement à l'expérience. On ne trouve rien dans l'histoire naturelle qui ait été recherché, vérifié, nombré, pesé, mesuré, par les moyens requis : or tout ce qui est indéfini et vague dans l'observation, devient trompeur et traître dans l'information.

Bacon, Francis. *Novum organum* (1620), aphorismes 95 et 98, introduction, traduction et notes de Michel Malherbe et Jean-Marie Pousseur, Paris, PUF, 1986, p. 156-159.

XIII. CONTRE LE DUALISME

Thomas Hobbes (1588–1679) est un philosophe anglais qui vivait à la même époque que Descartes. Il propose une théorie de la connaissance dans laquelle la perception joue un rôle important. Il adopte un point de vue empiriste, c'est-à-dire qu'il accorde beaucoup de crédit à l'expérience, sans recourir nécessairement au raisonnement. Dans l'extrait suivant, il critique le dualisme cartésien de l'âme et du corps.

Je suis une chose qui pense. C'est fort bien dit; car, de ce que je pense, ou de ce que j'ai une idée, soit en veillant, soit en dormant, l'on infère que je suis pensant: car ces deux choses, *je pense et je suis pensant*, signifient la même chose. De ce que je suis pensant, il s'ensuit *que je suis*, parce que ce qui pense n'est pas un rien. Mais où notre auteur ajoute: *c'est-à-dire un esprit, une âme, un entendement, une raison*, de là naît un doute. Car ce raisonnement ne me semble pas bien déduit, de dire: *je suis pensant*, donc *je suis une pensée*; ou bien *je suis intelligent*, donc *je suis un entendement*. Car de la même façon je pourrais dire: *je suis promenant*, donc *je suis une promenade*.

....

Il est très certain que la connaissance de cette proposition: *j'existe*, dépend de celle-ci: *je pense*, comme il nous a fort bien enseigné. Mais d'où nous vient la connaissance de celle-ci: *je pense*? Certes, ce n'est point d'autre chose, que de ce que nous ne pouvons concevoir aucun acte sans son sujet, comme la pensée sans une chose qui pense, la science sans une chose qui sache, et la promenade sans une chose qui se promène.

Et de là il semble suivre, qu'une chose qui pense est quelque chose de corporel; car les sujets de tous les actes semblent être seulement entendus sous une raison corporelle, ou sous une raison de matière, comme il a lui-même montré un peu après par l'exemple de la cire, laquelle, quoique sa couleur, sa dureté, sa figure, et tous ses autres actes soient changés, est toujours conçue être la même chose, c'est-à-dire la même matière sujette à tous ces changements. Or ce n'est pas par une autre pensée qu'on infère que je pense; car, encore que quelqu'un puisse penser qu'il a pensé (laquelle pensée n'est rien autre chose qu'un souvenir), néanmoins il est tout à fait impossible de penser qu'on pense, ni de savoir qu'on sait ; car ce serait une interrogation qui ne finirait jamais : d'où savez-vous que vous savez que vous savez ce que vous savez, etc. ? Et partant, puisque la connaissance de cette proposition : *j'existe*, dépend de la connaissance de celle-ci : *je pense* ; et la connaissance de celle-ci, de ce que nous ne pouvons séparer la pensée d'une matière qui pense ; il semble qu'on doit plutôt inférer qu'une chose qui pense est matérielle, qu'immatérielle.

HOBBES, Thomas. *Troisièmes objections aux Méditations métaphysiques de Descartes* in *Œuvres et lettres*, introduction, chronologie, bibliographie et notes d'André Bridoux, Bruges, Gallimard, coll. La Pléiade, 1966, p. 400-401.

XIV. L'ANXIÉTÉ DE LA SCIENCE CONTEMPORAINE

Gaston Bachelard est un philosophe français (1884–1962) qui s'est beaucoup préoccupé des conditions de la connaissance scientifique. Dans cet extrait, il remet en question l'universalité de la méthode cartésienne. Elle lui apparaît périmée quand il pense à ce qu'est devenue la physique au XXe siècle.

On doit en effet se rendre compte que la base de la pensée objective chez Descartes est trop étroite pour expliquer les phénomènes physiques. La méthode cartésienne est *réductive*, elle n'est point *inductive*. Une telle réduction fausse l'analyse et entrave le développement extensif de la pensée objective. Or il n'y a pas de pensée objective, pas d'objectivations, sans cette extension. […] la méthode cartésienne qui réussit si bien à *expliquer* le Monde n'arrive pas à *compliquer* l'expérience, ce qui est la vraie fonction de la *recherche objective*.

[…] Rien de plus anti-cartésien que la lente modification spirituelle qu'imposent les approximations successives de l'expérience, surtout quand les approximations plus poussées révèlent des richesses organiques méconnues par l'information première. C'est le cas, répétons-le, pour la conception einsteinienne [...].

On sent bien d'ailleurs que ces règles n'ont plus, dans la culture moderne, aucune valeur dramatique. En fait, il n'y a pas un lecteur sur cent pour lequel le *Discours* soit un événement intellectuel personnel. Qu'on dépouille alors le *Discours* de son charme historique, qu'on oublie son ton si attachant d'abstraction innocente et première, et il apparaîtra au niveau du bon sens comme une règle de vie intellectuelle dogmatique et paisible. Pour un physicien, ce sont là conseils qui vont de soi ; ils ne correspondent pas aux précautions multiples que réclame une mesure précise ; ils ne répondent pas à l'anxiété contemporaine [...].

BACHELARD, Gaston. *Le nouvel esprit scientifique*, Paris, PUF, 1934, p. 138-147.

XV. La liberté cartésienne

Le philosophe français Jean-Paul Sartre (1905–1980) est connu surtout pour sa philosophie existentialiste. Philosophe « engagé », comme on disait à une certaine époque, il est de tous les combats significatifs de son temps. La liberté de l'être humain est selon lui totale : nous sommes condamnés à être libres, nous ne pouvons nous dégager de cette liberté et nous ne pouvons non plus faire assumer à d'autres notre responsabilité. Dans l'extrait présenté ci-après, Sartre reconnaît l'apport de Descartes en ce qui a trait à sa conception philosophique de la liberté comme pensée autonome.

La liberté est une, mais elle se manifeste diversement selon les circonstances. À tous les philosophes qui s'en font les défenseurs, il est permis de poser une question préalable : à propos de quelle *situation* privilégiée avez-vous fait l'expérience de votre liberté ? C'est une chose en effet d'éprouver qu'on est libre sur le plan de l'action, de l'entreprise sociale ou politique, de la création dans les arts, et une autre chose de l'éprouver dans l'acte de comprendre et de découvrir. Un Richelieu, un Vincent de Paul, un Corneille auraient eu, s'ils avaient été métaphysiciens, certaines choses à nous dire sur la liberté, parce qu'ils l'ont prise par un bout, au moment où elle se manifeste par un événement absolu, par l'apparition du nouveau, poème ou institution, dans un monde qui ne l'appelle ni ne le refuse.

Descartes, qui est d'abord un métaphysicien, prend les choses par l'autre bout : son expérience première n'est pas celle de la liberté créatrice « ex nihilo », mais d'abord celle de la pensée autonome qui découvre par ses propres forces des relations intelligibles entre des essences déjà existantes. C'est pourquoi, nous autres Français qui vivons depuis trois siècles sur la liberté cartésienne, nous entendons implicitement par « libre arbitre » l'exercice d'une *pensée* indépendante plutôt que la production d'un acte créateur, et finalement nos philosophes assimilent, comme Alain, la liberté avec l'acte de juger.

C'est qu'il entre toujours, dans l'ivresse de comprendre, la joie de nous sentir responsables des vérités que nous découvrons. Quel que soit le maître, il vient un moment où l'élève est tout seul en face du problème mathématique ; s'il ne détermine son esprit à saisir les relations, s'il ne produit de lui-même les conjectures et les schèmes qui s'appliquent tout comme une grille à la figure considérée et qui en dévoileront les structures principales, s'il ne provoque enfin une illumination décisive, les mots restent des signes morts, tout est appris par cœur. [...] telle est bien l'intuition première de Descartes : il a compris, mieux que personne, que la moindre démarche de la pensée engage toute la pensée, une pensée autonome qui se pose, en chacun de ses actes, dans son indépendance plénière et absolue.

SARTRE, Jean-Paul. *Situations I*, Paris, Gallimard, 1947, p. 314-315.

ANNEXE I

EXPLICATIONS ET ILLUSTRATIONS

A. EXPLICATION DES CONSIGNES DES EXERCICES

Les éléments entre parenthèses renvoient à la première occurrence de la consigne dans les exercices accompagnant chaque partie du Discours.

COMMENTAIRE La fonction du commentaire est de permettre à une personne d'exprimer sa pensée par rapport à celle de l'auteur. Dans un bon commentaire, on résume d'abord ce que dit l'auteur, on fait saisir l'essentiel de son propos. On doit par la suite prendre position. L'auteur a-t-il bien posé le problème? Peut-on considérer d'autres éléments qu'il a oublié? Fait-il intervenir des valeurs qu'on trouve critiquables? Si ce n'est pas un auteur contemporain, ce qu'il dit s'applique-t-il encore à notre époque? etc. (Première partie, question d'ensemble 6)

COMPARAISON La comparaison établit une relation entre deux ou plusieurs choses pour en montrer les ressemblances ou les différences. (Paragraphe 1)

CONCLUSION La conclusion peut se trouver à la fin d'un paragraphe, d'une partie ou d'un texte. Il s'agit pour l'auteur de terminer sa narration ou son raisonnement en faisant ressortir les idées auxquelles il est arrivé. (Paragraphe 6)

DÉFINITION La définition caractérise un mot ou un concept en permettant d'en établir le sens. Une bonne définition doit être la plus complète possible ; lorsqu'on demande de définir un mot dans un contexte précis, on doit s'en tenir à ce contexte. (Paragraphe 1)

EXPLICATION Expliquer la pensée d'un auteur, c'est traduire en d'autres mots et d'une autre façon ce qu'il a dit. On doit être attentif non seulement à la phrase ou au paragraphe à expliquer, mais aussi à son contexte, à son paragraphe ou à sa partie. (Paragraphe 2)

FONCTION Dans un texte, les différents paragraphes n'ont pas tous la même valeur et ne jouent pas le même rôle : certains permettent d'introduire ou de conclure un raisonnement, d'autres l'illustrent, etc. Indiquer la fonction d'un paragraphe, c'est donc décrire le rôle qu'il joue dans le texte. (Paragraphes 4 et 5)

IDÉE PRINCIPALE L'idée principale d'un texte résume les différentes idées exprimées par l'auteur. Elle s'énonce généralement en une ou deux phrases. (Première partie, question d'ensemble 1)

REFORMULATION Reformuler la pensée d'un auteur, c'est dire en ses propres mots ce qu'il a dit, en employant des expressions équivalentes et des concepts semblables. (Paragraphe 18)

RÉSUMÉ Résumer, c'est synthétiser la pensée de l'auteur en dégageant les idées importantes. Il faut donc s'assurer de bien comprendre ce qu'il veut dire pour faire un bon résumé. On doit toujours s'exprimer en ses propres mots ; lorsque le résumé est court, il faut éviter les citations. (Paragraphe 3)

Par ailleurs, une fois qu'on a formulé le thème et l'idée principale d'un texte, on en a une vue d'ensemble. On peut par la suite le diviser en ses grandes articulations ; elles varient évidemment d'un chapitre à l'autre. Lorsque l'auteur subdivise lui-même son texte en sections comportant des titres, il en facilite bien sûr le découpage ; s'il n'y a pas de sections, en résumant brièvement chacun des paragraphes, on se donne une bonne idée des articulations du texte. (Première partie, question d'ensemble 2)

Thème Le thème constitue le sujet développé dans une partie ou un ouvrage ; il peut être exprimé en quelques mots. (Première partie, question d'ensemble 1)

Titre Le titre nomme un texte, qu'il s'agisse d'un livre, d'une partie ou même d'un paragraphe. Donner un titre à un paragraphe revient à dégager le thème de ce paragraphe et le contenu à retenir ; le titre doit être court et précis. Dans ce type d'exercice, on ne cherche pas nécessairement à frapper l'imagination ou à éveiller la curiosité ; on essaie plutôt de refléter très brièvement ce qu'a dit l'auteur. (Paragraphes 22 à 25)

B. Illustrations de réponses

Ces illustrations ont pour but de donner aux étudiantes et aux étudiants des exemples de réponses aux questions des exercices. Les questions qu'on trouvera ci-après sont tirées des différents exercices de chaque partie du Discours. Chaque fois qu'un nouveau type de question apparaît, nous avons présenté une illustration de réponse.

Exercices d'analyse et de compréhension (Première partie)

Paragraphe 1
1. *Définissez la notion de raison telle que l'emploie Descartes dans ce paragraphe.*

Descartes définit la raison en deux volets, chacun précédant l'emploi du mot « raison » dans le texte :
• la puissance de bien juger ;
• la capacité de distinguer le vrai du faux.

2. *Expliquez comment Descartes peut affirmer à la fois que « la raison est naturellement égale en tous les hommes » et qu'existe pourtant « la diversité de nos opinions », c'est-à-dire que nous ne pensons pas tous de la même façon.*

Pour expliquer la pensée d'un auteur, surtout lorsqu'on demande, comme dans cette question, de comparer ou de mettre en relation deux éléments différents, il faut d'abord s'assurer d'avoir bien compris l'idée principale du paragraphe. On trouve cette idée dès l'introduction et on pourrait l'énoncer comme suit : Descartes affirme que la raison est naturellement égale en tous les hommes ; ce qui les différencie, c'est la façon dont ils se servent de leur raison ainsi que l'objet de leurs réflexions.

Affirmer que « la raison est naturellement égale en tous les hommes », ce n'est donc pas laisser entendre que nous pensons tous la même chose et de la même façon, mais plutôt que tous les êtres humains ont en eux cette capacité de raisonner. La « diversité de nos opinions » s'explique dès lors parce que nous ne pensons pas de la même façon ni la même chose.

Paragraphe 2
1. Énoncez ce qui nous distingue des animaux selon Descartes.

Pour répondre à ce type de question, qui porte sur un élément précis (ce qui nous distingue des animaux), il faut reformuler la pensée de l'auteur en ses propres mots : c'est la raison, selon Descartes, qui nous caractérise comme être humain et nous distingue donc des animaux.

2. Expliquez le passage : « il n'y a du plus et du moins qu'entre les acci-dents, et non point entre les formes, ou natures, des individus d'une même espèce ».

Après avoir repéré l'idée principale (qu'on trouve surtout en conclusion), on peut expliquer ce passage ainsi : les différences entre les individus d'une même espèce sont liées à des accidents, c'est-à-dire à des qualités non essentielles ; ce qui les définit comme membres d'une même espèce (la raison, pour l'être humain) ne varie pas.

3. *Reliez cette explication à celle que vous avez donnée pour l'exercice du paragraphe 1.*

Descartes a d'abord affirmé au paragraphe 1 que la raison est naturellement égale chez tous les êtres humains. Au paragraphe 2, il dit qu'il existe bien sûr certaines différences entre les êtres humains, mais que celles-ci ne sont pas essentielles et n'affectent pas leur raison.

Paragraphe 3

1. *Résumez ce que dit Descartes au sujet de sa méthode.*

La méthode énoncée par Descartes lui permet d'augmenter progressivement ses connaissances (« par degrés ») et d'atteindre le maximum de ce qu'il peut obtenir, compte tenu de ses capacités.

2. *En vous servant de ce qui précède, expliquez ce à quoi il fait référence dans cette phrase : « si, entre les occupations des hommes purement hommes, il y en a quelqu'une qui soit solidement bonne et importante, j'ose croire que c'est celle que j'ai choisie ».*

Descartes est satisfait de la méthode qu'il a employée et croit qu'elle peut lui apporter encore beaucoup ; aussi la philosophie (comme recherche de la vérité) est, selon lui, l'occupation la plus importante pour le développement de l'être humain.

Paragraphes 4 et 5
Indiquez la fonction de ces paragraphes dans le déroulement de la première partie.

Les paragraphes 4 et 5 font une transition entre ce qu'a déjà dit Descartes et la suite de son exposé. Descartes a d'abord introduit son sujet de façon large en posant que les êtres humains sont tous égaux naturellement en ce qui a trait à la raison ; ce qui les différencie, ce sont principalement les chemins qu'ils prennent pour atteindre la connaissance. Ensuite, il annonce les bienfaits de la méthode qu'il met de l'avant.

Dans les paragraphes 4 et 5, Descartes déclare qu'il voudrait présenter cette méthode comme un exemple qu'on livre à la réflexion. Il ne veut donc pas l'imposer, mais plutôt montrer le chemin qu'il a suivi ; il appartiendra au lecteur de juger s'il veut ou non l'emprunter.

Par la suite, Descartes expose les études qu'il a faites durant sa jeunesse et le bilan qu'il en tire.

Paragraphe 6
Repérez la conclusion de ce paragraphe et expliquez-la.

Descartes résume brièvement ses études et affirme qu'il a été déçu de ne pas trouver la certitude qu'il cherchait. La conclusion est à la fin du paragraphe : « il n'y avait aucune doctrine dans le monde qui fût telle qu'on m'avait auparavant fait espérer ».

On peut donc penser que Descartes a commencé ses études confiant d'apprendre beaucoup de choses ; à la fin, cependant, le doute et les erreurs qu'il a découverts dans ce qu'il avait appris l'ont rendu amer. Il ne met pas le blâme sur ses maîtres ni sur lui, mais conclut plutôt qu'aucune des théories de l'époque ne peut le satisfaire.

Paragraphe 13
Comparez la citation suivante avec ce que disait Socrate au sujet de la sagesse : « ni par les artifices ou la vanterie d'aucun de ceux qui font profession de savoir plus qu'ils ne savent ».

Descartes remet en question les prétendues connaissances développées dans ce qu'il a appelé précédemment les « sciences curieuses » ; ces dernières comportent beaucoup d'erreurs et tablent même parfois sur la crédulité des gens ; on ne peut donc s'y fier pour connaître la vérité.

De même, toute la sagesse de Socrate tient en cette attitude de ne pas paraître ce qu'il n'est pas. Refusant de masquer son ignorance, il se reconnaît pourtant le plus sage parce qu'il ne fait pas semblant de savoir ce qu'il ne sait pas.

Paragraphe 18 (Deuxième partie)
1. Reformulez en vos propres mots l'objectif (le «dessein») poursuivi par Descartes dans sa recherche intellectuelle.

Descartes a pour objectif de bâtir les fondements de son savoir sans recourir à l'autorité, mais en s'appuyant seulement sur ses pensées préalablement remises en question.

Paragraphe 29 (Troisième partie)
Expliquez la comparaison que fait Descartes avec l'architecture dans ce paragraphe.

Un auteur fait une comparaison pour illustrer son idée ou son point de vue, pour le simplifier et le rendre accessible. Cependant, il ne présente pas toujours de façon évidente cette comparaison. Pour pouvoir en rendre compte, il faut bien résumer les deux termes de la comparaison.

Dans ce paragraphe, Descartes compare le cheminement qu'il veut faire avec celui qu'on doit accomplir quand on se fait construire une maison. Pour cette dernière, il faut prévoir non seulement les matériaux et les plans, mais aussi l'endroit où on habitera pendant les travaux. De la même façon, Descartes croit que, en attendant d'avoir trouvé la vérité et des fondements fermes pour reconstruire l'édifice de la raison, il faut se donner quelques règles pour mener sa vie, soit ce qu'il appelle la morale provisoire.

QUESTIONS D'ENSEMBLE (PREMIÈRE PARTIE)

1. Quel est le thème de cette première partie? Quelle en est l'idée principale?

Le thème est le déroulement des études de Descartes, les critiques qu'il fait en ce qui concerne l'éducation qu'il a reçue. L'idée principale est la suivante: Descartes veut expliquer la méthode qu'il a utilisée pour découvrir la vérité; pour ce faire, il raconte d'abord ses études et ses voyages.

2. *Résumez en un maximum de deux phrases*
   a) les paragraphes 1 à 5;
   b) les paragraphes 6 à 15.
   En résumant, assurez-vous de faire le lien entre ces deux ensembles de
   paragraphes.

Comme l'indique la question, Descartes traite deux sujets dans cette partie:
a) Dans les paragraphes 1 à 5, il explique son projet (son «dessein») et présente son récit comme une histoire plutôt que comme un modèle à suivre;
b) Par la suite, il présente l'«histoire de sa vie», et fait le bilan de ses études et des connaissances qu'il a acquises. Il en vient à la conclusion que, puisque ses études et ses voyages ne lui ont pas permis de découvrir la vérité, il doit maintenant se tourner vers lui-même pour la trouver.

3. *À partir des paragraphes 7 à 13, présentez les différentes disciplines que Descartes a étudiées, et faites ressortir les bons et les mauvais côtés qu'il en retient sous la forme d'un tableau.*

Pour résumer la pensée d'un auteur, il est souvent utile de faire un plan ou un tableau, ce qui permet de dégager les idées importantes. Par la suite, on rédige son texte à partir des éléments retenus pour chacun des paragraphes.

En construisant ce plan ou ce tableau, on prend garde que les éléments soient bien placés en ordre, en vis-à-vis. Selon la nature du texte, on peut aussi utiliser un schéma de concepts. Il peut être utile de numéroter les passages retenus pour pouvoir y revenir éventuellement en rédigeant. Les nombres qu'on retrouve dans l'exemple de tableau renvoient aux paragraphes du *Discours*.

Dans la critique que fait Descartes de ses études, il retient des bons et des mauvais côtés; en fait, il reconnaît souvent les raisons pour lesquelles son éducation était pertinente, mais il en marque les limites. C'est ce qu'il faut faire ressortir ici.

BILAN DE L'ÉDUCATION DE DESCARTES

BONS CÔTÉS	MAUVAIS CÔTÉS
L'étude des langues • Elle est nécessaire pour comprendre les livres anciens. (7) • La lecture des fables et des histoires éveille et élève l'esprit. (7) • Choisis avec modération et discernement, les exemples proposés aident à former le jugement. (7) • Les fables et les histoires permettent de relativiser nos conceptions. (8)	• Elle nous fait croire que certaines choses sont possibles alors qu'elles ne le sont pas. (8)
La lecture • Elle est comme une conversation avec des gens d'une autre époque, qui ne nous présentent que le meilleur de leur esprit. (7)	• Elle risque de nous rendre ignorants de ce qui se passe à notre époque. (8)
	Les voyages • Ils nous rendent étrangers à notre pays. (8)
La jurisprudence, la médecine et les autres sciences • Elles nous apportent honneurs et richesses. (7)	• Puisqu'elles empruntent leurs principes à la philosophie, il n'y a rien de ferme en elles. (13)
Les sciences en général • Il faut les examiner toutes pour connaître leur juste valeur. (7)	• Il y a de mauvaises doctrines, et on peut être trompé par de faux savoirs. (13)

Ainsi, au paragraphe 7, Descartes explique qu'il était bon de faire les exercices des différentes disciplines d'études, qu'il est important «de les avoir toutes examinées, [...] afin de connaître leur juste valeur».

Par la suite, Descartes compare la lecture des livres anciens et les voyages, qui nous rendent capables de remettre en question ce qui nous entoure. Cependant, la lecture des romans nous éloigne de la réalité dans laquelle nous vivons. En effet, les romans déforment la réalité d'au moins deux façons: ils présentent des événements comme possibles alors qu'ils ne le sont pas et omettent certaines circonstances pour embellir l'histoire.

Selon Descartes, la poésie et la rhétorique n'ont pas vraiment besoin d'être étudiées, puisqu'elles mettent en jeu des talents naturels. Ceux qui maîtrisent bien leur sujet peuvent être convaincants, même sans rhétorique, et les meilleurs poètes n'ont pas nécessairement appris l'art poétique.

Descartes est attiré par les mathématiques parce qu'elles lui semblent certaines et évidentes; il s'étonne cependant de ce qu'on s'en serve seulement pour des applications mécaniques.

Descartes affirme qu'on ne peut apprendre la théologie, parce qu'elle dépasse les limites de notre raison. La philosophie, quant à elle, n'a pas encore établi de vérité ou de certitude. Ne pouvant trouver cette vérité, il considère comme faux tout ce qui semble vrai, mais qui ne l'est peut-être pas («je réputais presque pour faux tout ce qui n'était que vraisemblable»).

Comme «les autres sciences empruntent leurs principes de la philosophie», Descartes affirme qu'on n'a pu rien construire sur des fondements si peu fermes. Il prend aussi du recul face aux «sciences curieuses», affirmant qu'il ne sera plus trompé par «ceux qui font profession de savoir plus qu'ils ne savent».

8. *« Le bon sens est la chose du monde la mieux partagée. »* Ainsi commence le Discours de la méthode. *Est-ce à dire que, selon Descartes, nous sommes égaux en ce qui concerne la raison ? Commentez.*

Dans un premier temps, on doit faire ressortir ce que veut dire Descartes dans cette citation. Il affirme que le bon sens (la raison) est naturellement égal chez tous les êtres humains, c'est-à-dire que tous ont en eux cette puissance, cette capacité de raisonner. Ce qui différencie les gens, ce n'est donc pas que certains soient à proprement parler plus raisonnables que d'autres ; c'est plutôt la façon dont ils se servent de cette raison ainsi que l'objet de leurs réflexions.

Par la suite, on doit prendre position ; on trouve dans les explications des exercices des exemples de questions qui peuvent constituer des pistes de réflexion. Sur ce passage particulier, ajoutons les éléments suivants :

- Descartes affirme que la raison est naturellement égale chez tous les êtres humains ; est-il capable de prouver cette assertion ou, à tout le moins, de la justifier ?
- Ce débat pourrait nous amener sur le terrain plus contemporain de l'inné et de l'acquis. Descartes semble affirmer que la raison est du domaine de l'inné : nous naissons tous avec la même faculté et la même capacité de raisonner ; l'acquis, c'est-à-dire l'éducation reçue, nous permet de développer correctement ou non cette faculté.
- A-t-il bien posé le problème ?

RENATI
DES-CARTES,
MEDITATIONES
DE PRIMA
PHILOSOPHIA,
IN QVA DEI EXISTENTIA
ET ANIMÆ IMMORTALITAS
DEMONSTRATVR.

PARISIIS,
ApudMICHAELEM SOLY, viâ Iacobeâ, fub
figno Phœnicis.

_____

M. DC. XLI.
Cum Priuilegio, & Approbatione Doctorum.

ANNEXE II

DESCARTES ET SON ÉPOQUE

1571	Naissance de **Johannes Kepler** (1571–1630), astronome allemand partisan de l'héliocentrisme*.
1588	La coupole de Saint-Pierre-de-Rome est achevée d'après les plans de **Michel-Ange** (1475–1564).
1592	Mort du grand humaniste français **Michel Eyquem de Montaigne** (1533–1592), auteur des *Essais*.
1595	**William Shakespeare** (1564–1616), poète dramatique anglais, écrit la pièce *Roméo et Juliette*.
1596	Naissance de **René Descartes** dans le village de La Haye, en Touraine. Sa famille est de petite noblesse ; son père est conseiller au Parlement de Bretagne.
1597	Mort de la mère de René Descartes lors d'un accouchement, ce que Descartes ignorera toute sa vie. Il croyait qu'elle était décédée d'une maladie du poumon.
1598	**Édit de Nantes.** Les protestants se voient garantir la liberté de conscience. Fin des guerres de religion.

1600	Giordano Bruno (1548–1600), philosophe italien, est brûlé vif sur ordre du Saint-Office. Il avait proposé une cosmologie impliquant la négation de l'idée de création.
1605	Miguel de Cervantès (1547–1613), écrivain espagnol, publie la première partie de *Don Quichotte*.
1607	Claudio Monteverdi (1567–1643) compose l'*Orfeo*, considéré comme le premier opéra.
1607-1615	Descartes fait ses études au Collège de La Flèche, chez les Jésuites.
1608	Fondation de Québec, première ville de la Nouvelle-France, par Samuel de Champlain (1570–1635).
1614	Les Hollandais fondent en Amérique du Nord Nieuwe Amsterdam, qui deviendra New-York sous la domination anglaise.
1615	Descartes fait des études de droit à Poitiers : baccalauréat et licence, initiation à la médecine.
1618	Début de la guerre de Trente Ans. Descartes part pour la Hollande, engagé dans l'armée protestante de Maurice de Nassau. Descartes rencontre, à Bréda, Isaac Beeckman (1588–1637), savant hollandais, médecin et mathématicien. Plus tard, la même année, lettre à Beeckman : Descartes promet de construire une géométrie.
1619	Descartes part pour l'Allemagne. Il assiste aux fêtes du couronnement de l'empereur Ferdinand. Descartes fait trois songes successifs qui lui révèlent sa vocation.
1620	Un groupe de puritains anglais, arrivés sur le *Mayflower*, débarquent au cap Cod. Fondation de New-Plymouth, première ville de la Nouvelle-Angleterre.

1622	Descartes vend une partie de son héritage familial. Il terminera cette vente en 1628.
1623	Naissance de **Blaise Pascal** (1623–1662), mathématicien et théologien français.
1626	Mort de **Francis Bacon** (1561–1626), homme d'état et philosophe anglais.
1627	Descartes assiste à une conférence du **sieur de Chadoux** chez le nonce du Pape; il prend part à la discussion et le **cardinal de Bérulle** l'incite à se consacrer à la réforme de la philosophie.
1628	Publication de l'*Exercitatio anatomica de motu cordi et sanguinis in animalibus* de **William Harvey** (1578–1657), médecin anglais.
1629	Descartes s'installe aux Pays-Bas. Il conçoit les *Méditations métaphysiques* (de 1628 à 1629). Il travaille ensuite sur la physique et prépare son *Traité du monde*. Il tente aussi de codifier dans ses *Règles pour la direction de l'esprit* tous les préceptes qu'appliquent les mathématiciens dans leurs raisonnements.
1631	Mise au point de la géométrie analytique, en se basant sur un problème de Pappus.
	Théophraste Renaudot (1586–1653), médecin et journaliste français, crée *La Gazette de France*.
1632	Naissance de **Baruch Spinoza** (1632–1677), philosophe hollandais. Naissance de **John Locke** (1632–1704), médecin et philosophe anglais.
1633	Au moment où il s'apprête à publier son *Traité du monde*, Descartes apprend que **Galilée** (1564–1642) a été condamné par l'Inquisition. Il renonce à faire paraître son traité.
1634	Création de l'Académie française par le cardinal de **Richelieu** (1585–1642).

1635	Naissance de la fille de Descartes, Francine (le 9 ou le 19 juillet). La mère est Hélène Jans (Hollandaise), probablement une servante.
1637	Descartes publie en juin à Leyde (Hollande), sans nom d'auteur, la *Dioptrique*, les *Météores* et la *Géométrie* ; la préface de ces œuvres est le *Discours de la méthode* (en français).
	Pierre Corneille (1606–1684), poète dramatique français, fait paraître *Le Cid*, pièce qui se situe entre le baroque et le classicisme.
1640	Mort de Francine, fille de René Descartes, probablement de la scarlatine. Mort de Joachim, père de René Descartes.
1641	Publication des *Méditations métaphysiques*. Polémique à Utrecht (Pays-Bas), où **Voetius**, professeur de l'Université qui combat Descartes depuis plusieurs années, l'accuse d'athéisme.
	Thomas Hobbes (1588–1679), philosophe anglais, fait paraître *Quinze objections aux Méditations métaphysiques* de Descartes.
1642	Jugement rendu par l'Université d'Utrecht contre la philosophie cartésienne en faveur de la philosophie de L'École, héritée du Moyen Âge.
	Fondation de la ville de **Montréal** par **Pierre Chomedey de Maisonneuve** (1612–1676). **Rembrandt** (1606–1669), peintre et graveur hollandais, peint *La Ronde de nuit*.
1643	**Élisabeth, princesse de Bohême**, devient une grande amie de Descartes. Le Conseil de la ville d'Utrecht rend un arrêt contre Descartes pour impiété. ·
	Début du règne de **Louis XIV** (1638–1715) en France.
1644	Publication du livre *Principes de la philosophie*, dédié à la princesse Élisabeth.

1646	Naissance de **Gottfried Wilhelm Leibniz** (1646–1716), philosophe allemand.
1647	Polémique avec l'Université de Leyde ; l'Université finit par défendre à quiconque de publier des thèses controversées. Descartes se rend en France et rencontre **Blaise Pascal** (1623–1662) ; il entreprend un traité des passions de l'âme, à la demande de la princesse Élisabeth. Parution de la traduction française des *Principes de philosophie*, revus, complétés et précédés d'une importante préface.
1648	Les **Traités de Westphalie** mettent fin à la guerre de Trente Ans. Reconnaissance par l'Espagne de l'indépendance des **Provinces-Unies**.
1649	Descartes est invité en Suède par la **reine Christine**. Publication du traité *Les passions de l'âme*.
	Exécution de **Charles Iᵉʳ Stuart** (1600–1649), roi d'Angleterre. **Olivier Cromwell** institue la république.
1650	Descartes meurt à Stockholm, le 11 février. De santé fragile, il n'a pu résister aux longues discussions philosophiques matinales que lui imposait la reine Christine. Il succombe à une pneumonie mal soignée.
1653	**Jean-Baptiste Lulli** (1632–1687) est nommé compositeur à la cour de Louis XIV.
1657	On commence à publier la correspondance de Descartes.
1659	**Molière** (1622–1673), auteur français, crée *Les précieuses ridicules*.
1661	Début de la construction du **château de Versailles**.
1664	Publication du *Traité de l'homme* (en français).
1668	**La Fontaine** (1621–1695), poète français, commence à publier *Les Fables*.
1701	Publication des *Règles pour la direction de l'esprit*.

ANNEXE III

LECTURES SUGGÉRÉES

ALAIN. *Idées: introduction à la philosophie*, Paris, Hartmann, 1939, 373 p.

ALEXANDRE, Michel. *Lettres de Descartes, textes choisis*, Paris, P.U.F., 1964, 233 p.

CRESSON, André. *Descartes, sa vie, son œuvre avec un exposé de sa philosophie*, Paris, P.U.F., 1957, 141 p.

DE SACY, Samuel S. *Descartes par lui-même*, Bourges, Seuil, coll. Écrivains de toujours, 1956, 192 p.

GAARDER, Jostein. *Le monde de Sophie* (roman sur l'histoire de la philosophie), traduit et adapté du norvégien par Hélène Hervieu et Martine Laffont, Paris, Seuil, 1995.

KOYRÉ, Alexandre. *Introduction à la lecture de Platon, suivi de Entretiens sur Descartes*, Paris, Gallimard, 1962, 229 p.

MATTEI, André. *L'homme de Descartes*, Paris, Aubier-Montaigne, 1940, 262 p.

MESNARD, Pierre. *Descartes ou le combat pour la vérité*, Paris, Seghers, 1966, 187 p.

RODIS-LEWIS, Geneviève. *Descartes et le rationalisme*, Paris, P.U.F., 1966, 128 p.

RODIS-LEWIS, Geneviève. *Descartes, une initiation à sa philosophie*, Paris, Vrin, 1964, 124 p.

Dossier
«Descartes, les nouvelles lectures», *Magazine littéraire*, n° 342, avril 1996, p. 19-88

ANNEXE IV

DES TERMES UTILISÉS DANS LE *DISCOURS*

Aussi souvent que possible, et en autant que cela pouvait s'avérer utile à la compréhension des concepts, nous avons repris les définitions que donnait déjà Descartes dans ses différentes œuvres. Les chiffres entre parenthèses renvoient aux paragraphes du Discours *dans lesquels les mots définis sont utilisés.*

ACCIDENTS Qualités qui ne sont pas essentielles à ce qui constitue une chose ou un individu, par opposition à ce qui les définit comme tel ; la couleur des cheveux, par exemple, est, en ce sens, un « accident » : je peux en changer, sans modifier de façon substantielle ce que je suis. (2)

BON SENS Au début du *Discours de la méthode*, Descartes utilise l'expression « bon sens » pour parler de la raison ; il définit bon sens et raison comme « la puissance de bien juger et distinguer le vrai d'avec le faux ». (1)

CERTAIN *Voir* Certitude.

CERTITUDE État de l'esprit qui donne son assentiment sans aucune réserve, sans aucune crainte d'erreur. Selon Descartes, la certitude s'établit aussi « lorsque nous pensons qu'il n'est aucunement possible que la chose soit autre que nous la jugeons. Et elle est fondée sur un principe de métaphysique très assuré, qui est que Dieu étant souverainement bon et la source de toute vérité, puisque c'est lui qui nous a créés, il est certain que la puissance ou faculté qu'il nous a donnée pour distinguer le vrai d'avec le faux ne se trompe point, lorsque nous en usons bien et qu'elle nous montre évidemment qu'une chose est vraie[1] ». (28)

CLAIR *Voir* Clarté.

CLAIREMENT D'une manière claire. *Voir* Clarté.

CLARTÉ Une idée claire est celle qui se présente immédiatement à l'esprit, qu'on peut saisir par une intuition* directe. (22, 38, 42)

COGITO Mot latin qui se traduit par « Je pense ». *Cogito, ergo sum*, écrit Descartes : « Je pense, donc je suis ». On utilise souvent le mot *cogito* pour résumer toute la démarche de Descartes, passant du doute radical à l'établissement de la première vérité, du premier principe* sur lequel il pourra par la suite bâtir l'édifice du savoir.

CYNIQUE Philosophe, disciple d'Antisthène qui professe le cynisme. *Voir* Cynisme.

CYNISME Mouvement de pensée né au IVe siècle avant Jésus-Christ, dont le fondateur est Antisthène, qui fut le disciple de Gorgias, puis de Socrate, avant de devenir à son tour le maître de Diogène de Sinope (Diogène déambulait dans un tonneau pour montrer son extrême dénuement et son détachement face aux richesses de ce monde). La philosophie cynique joue un rôle important jusqu'aux Ier et IIe siècles. Par la suite, elle influence des grands penseurs du XVIe siècle comme Montaigne et Descartes. Le cynisme se caractérise notamment par une volonté de retour à la nature au mépris des conventions sociales, par la recherche de la liberté intérieure et par l'indépendance d'esprit. (13)

DÉDUCTION Opération de la pensée selon laquelle certaines choses étant posées avec certitude, d'autres en découlent nécessairement. Pour Descartes, il s'agit bien d'un mode de connaissance : « opération par laquelle nous entendons tout ce qui se conclut nécessairement d'autres choses connues avec certitude. [...] plusieurs choses sont connues avec certitude, bien qu'elles ne soient pas elles-mêmes évidentes, pourvu seulement qu'elles soient déduites à partir de principes* vrais et connus, par un mouvement continu et ininterrompu de la pensée* qui a une intuition* claire de chaque chose[2] ». (26)

DÉDUIRE *Voir* Déduction.

1. René Descartes, *Principes de la philosophie* in *Œuvres et lettres*, introduction, chronologie, bibliographie et notes d'André Bridoux, Bruges, Gallimard, coll. La Pléiade, 1966, p. 606, n° 206.

2. René Descartes, *Règles pour la direction de l'esprit* in *Œuvres et lettres*, notes d'André Bridoux, p. 44.

DISCOURS Pour son *Discours de la méthode*, Descartes préfère utiliser le mot *Discours* plutôt que *Traité*, par exemple, parce qu'il veut développer son sujet sans prétention scientifique. Il désire raconter le cheminement qu'il a suivi sous un mode familier, comme s'il s'agissait d'une histoire. Il l'écrit et le fait publier en français, parce qu'il vise un large public et souhaite se démarquer de la référence obligée à l'autorité. (*Voir l'extrait XI, page 115.*)

DISTINCT Une idée* est dite distincte quand nous pouvons la concevoir sans qu'elle puisse être confondue avec une autre idée, c'est-à-dire quand nous pouvons la séparer de toutes les autres. (22, 28, 37, 38, 42, 43)

DISTINCTEMENT D'une manière distincte. *Voir* Distinct.

DOGMATIQUE *Voir* Dogme.

DOGME Objet de foi enseigné par une religion (pour Descartes, l'Église catholique) qui ne peut en aucune façon être remis en question par les personnes adhérant à cette religion (par exemple, l'infaillibilité du pape, les sacrements, etc.). Aujourd'hui, on dit d'une personne ou d'une forme de pensée qu'elle est dogmatique lorsqu'elle s'exprime de façon catégorique ou autoritaire, et qu'elle ne laisse pas de place à l'expression de la pensée de l'autre.

DUALISME En concevant l'âme (la substance pensante) et le corps (une matière étendue*) comme deux réalités distinctes*, Descartes introduit dans sa philosophie un dualisme, c'est-à-dire la possibilité de séparer radicalement deux substances, en l'occurrence la matière et la pensée.

DUALISTE *Voir* Dualisme.

ENTENDEMENT Pouvoir de connaître, de comprendre, qui se manifeste chez Descartes par deux actes : l'intuition* et la déduction*. (33, 41)

ESSENCE Ce qui définit en propre un individu, par opposition à ses qualités accidentelles. (37)

ÉTENDUE Ce qui constitue la matière d'une chose, l'espace qu'elle occupe : « tout ce qui a longueur, largeur et profondeur[3] ». Pour Descartes, le vide n'existe pas : l'étendue de chacun des corps occupe tout l'espace disponible. Les autres qualités des choses, comme leur couleur, leur poids, leur texture, sont des qualités secondaires qui sont perçues par nos sens, mais qui ne sont pas essentielles à la définition de la chose elle-même. (40)

3. René Descartes, *Règles pour la direction de l'esprit* in *Œuvres et lettres*, notes d'André Bridoux, p. 98.

ÉVIDEMMENT *Voir* Évidence.

ÉVIDENCE Une idée est évidente quand sa vérité s'impose à l'esprit d'une manière immédiate, hors de tout doute, comme les vérités mathématiques. Cette évidence rationnelle doit être bien distinguée de l'évidence sensible, cette dernière étant fondée sur l'expérience des sens ou sur les préjugés. L'évidence sensible peut être trompeuse (les sens nous trompent parfois), mais l'évidence rationnelle, acquise après le doute, porte sur les idées claires* et distinctes*. (22, 40, 43)

EXTENSION Étendue*, c'est-à-dire portion d'espace qu'occupe un corps.

FONDEMENT Point de départ logique, principes* desquels on peut déduire un ensemble de connaissances. Descartes emploie aussi souvent, pour faire image, le mot «fondements» dans le sens des fondations d'une maison ou d'un édifice (l'édifice de la raison). (13, 17, 35, 57)

FORME (OU NATURE) Ce qui définit la chose ou l'individu pour ce qu'il est. La pensée, par exemple, est essentielle à la définition même de l'être humain. (2)

GÉOCENTRIQUE *Voir* Géocentrisme.

GÉOCENTRISME Thèse physique élaborée par les penseurs grecs et popularisée particulièrement par Ptolémée au IIe siècle. Selon cette théorie, la Terre est au centre de l'univers, et le Soleil et tous les autres astres tournent autour d'elle. Copernic, Bruno et Galilée remettent en question cette conception astronomique: ils défendent l'héliocentrisme*.

HÉLIOCENTRISME Thèse physique selon laquelle les planètes tournent à la fois sur elles-mêmes et autour du Soleil. C'est d'abord Copernic (1473–1543), dans son traité *Des révolutions des sphères célestes,* qui avance cette thèse; cependant, comme il craint l'Église, il ne publie son livre qu'en 1543, année de sa mort. Giordano Bruno (1548–1600) puis Galilée (1564–1642) défendent aussi cette thèse que Galilée est en mesure de prouver grâce à la lunette qu'il a inventée. Mais le tribunal de l'Inquisition* condamne Bruno à mort et oblige Galilée à renoncer à ses convictions pour ne pas subir le même sort. Descartes témoigne dans son *Traité du monde* qu'il en est venu aux mêmes conclusions. Cette œuvre ne sera publiée qu'après sa mort.

HÉRÉSIE Thèse contraire aux dogmes* de l'Église.

HÉRÉTIQUE *Voir* Hérésie.

IDÉE Une idée est « tout ce que nous concevons par la pensée[4] ». C'est la forme que prend l'intuition* en notre entendement* ; c'est ce que nous concevons immédiatement par l'esprit :

> « Par le nom d'*idée*, j'entends cette forme de chacune de nos pensées*, par la perception immédiate de laquelle nous avons connaissance de ces mêmes pensées. En telle sorte que je ne puis rien exprimer par des paroles, lorsque j'entends ce que je dis, que de cela même il ne soit certain que j'ai en moi l'idée de la chose qui est signifiée par mes paroles[5] ». (42, 43)

INQUISITION Tribunal religieux créé au XIIIe siècle pour juger les personnes qui défendent des thèses opposées (des thèses hérétiques*) à celles de l'Église. C'est ce tribunal qui condamne Giordano Bruno (1548–1600) à être brûlé sur le bûcher parce qu'il refuse de renier sa thèse, à savoir que l'univers est sans centre et sans limites. Lorsque Galilée (1564–1642) comparaît devant l'Inquisition, il préfère renoncer à ses convictions scientifiques pour ne pas trouver la mort à son tour.

INTUITION Saisie directe d'une idée par l'esprit : « Par intuition j'entends, non pas le témoignage changeant des sens ou le jugement trompeur d'une imagination qui compose mal son objet, mais la conception d'un esprit pur et attentif, conception si facile et si distincte* qu'aucun doute ne reste sur ce que nous comprenons ; ou, ce qui est la même chose, la conception ferme d'un esprit pur et attentif, qui naît de la seule lumière de la raison et qui, étant plus simple, est par la suite plus sûre que la déduction même, qui pourtant elle aussi ne peut pas être mal faite par l'homme[6]. » On peut donc dire de l'intuition qu'elle est un acte de l'entendement qui connaît sans erreur possible.

MÉTAPHYSIQUE Ordre de connaissances ou de réalités qui dépasse les choses sensibles et les représentations naturelles du sens commun, et s'y oppose. Chez Descartes, l'objet de la métaphysique est la connaissance de Dieu et de l'âme par « raison naturelle », « dans les limites de la simple raison[7] ». La métaphysique est aussi la science des principes* premiers et communs à toutes les autres sciences ; Descartes la désigne alors tout simplement sous le nom de « philosophie ». (42)

---

4. René Descartes, *Méditations métaphysiques ; réponses de l'auteur aux cinquièmes objections* in *Œuvres et lettres*, notes d'André Bridoux, p. 490.

5. René Descartes, *Méditations métaphysiques ; réponses de l'auteur aux secondes objections* in *Œuvres et lettres*, notes d'André Bridoux, p. 390.

6. René Descartes, *Règles pour la direction de l'esprit* in *Œuvres et lettres*, notes d'André Bridoux, p. 43-44.

7. Emmanuel Kant (1724–1804) s'exprimera ainsi beaucoup plus tard.

MÉTHODE Ensemble des procédés, des moyens utilisés pour arriver à un résultat. Chez Descartes, la méthode est une démarche de l'esprit conduisant à la connaissance et à la vérité. « Or, par méthode, j'entends des règles certaines et faciles, grâce auxquelles tous ceux qui les observent exactement ne supposeront jamais vrai ce qui est faux, et parviendront, sans se fatiguer en efforts inutiles mais en accroissant progressivement leur science, à la connaissance vraie de tout ce qu'ils peuvent atteindre[8]. » (3, 5, 20, 21, 27, 28, 33, 34)

MORALE Ensemble des règles, obligations et valeurs tenues pour valables dans une société donnée ; Descartes, à l'intérieur du *Discours*, propose une morale provisoire pour guider les actions urgentes de la vie. Il a le projet, une fois son édifice de la raison construit sur des fondements assurés, d'établir une morale définitive, qui découlera des vérités* découvertes rationnellement. (29)

PENSÉE « Par le nom de pensée, je comprends tout ce qui est tellement en nous, que nous en sommes immédiatement connaissants. Ainsi toutes les opérations de la volonté, de l'entendement, de l'imagination et des sens sont des pensées. Mais j'ai ajouté immédiatement, pour exclure les choses qui suivent et dépendent de nos pensées : par exemple, le mouvement volontaire a bien, à la vérité, la volonté pour son principe*, mais lui-même néanmoins n'est pas une pensée.[9] »

PRINCIPE Point de départ d'un raisonnement, d'une réflexion : proposition de laquelle d'autres propositions peuvent être déduites. Le mot « principe » est aussi employé au sens de « cause » ou « origine » chez Descartes. (13, 17, 28, 36, 44, 58, 59, 61, 62)

PROVISOIRE Qui existe, qui se fait en attendant autre chose, qui est destiné à être remplacé.

QUALITÉ Manière d'être d'une chose, propriété déterminant la nature d'un objet. Cette propriété n'est pas essentielle à la définition d'un objet : elle peut varier sans altérer l'objet lui-même.

RAISON *Voir* Rationalité.

RATIONALITÉ Caractère de ce qui est rationnel, qui relève de l'exercice de la raison ; il s'agit de « la puissance de bien juger et distinguer le

---

8. René Descartes, *Règles pour la direction de l'esprit* in *Œuvres et lettres*, notes d'André Bridoux, p. 46.

9. René Descartes, *Méditations métaphysiques ; réponses de l'auteur aux secondes objections* in *Œuvres et lettres*, notes d'André Bridoux, p. 390.

vrai d'avec le faux[10]». La rationalité s'oppose notamment aux témoignages des sens, à la sensibilité, aux émotions et aux passions.

SAGESSE Descartes donne la définition suivante d'une personne sage : «Car quiconque a une volonté ferme et constante d'user toujours de sa raison le mieux qu'il est en son pouvoir, et de faire en toutes ses actions ce qu'il juge être le meilleur, est véritablement sage autant que sa nature permet qu'il le soit[11].»

SCEPTICISME Philosophie fondée par Pyrrhon (365–275 av. J.-C.); les adhérents à cette philosophie croient que l'esprit humain ne peut atteindre la vérité de façon certaine et, en conséquence, ils préconisent le doute et la suspension du jugement. Selon eux, le seul but que le philosophe peut viser est le bonheur négatif, c'est-à-dire l'absence de trouble, d'agitation et de passion (ce qu'on a appelé l'ataraxie). (34, 36)

SCEPTIQUE Philosophe partisan du doute systématique. *Voir* Scepticisme.

SCOLASTIQUE Philosophie et théologie enseignées au Moyen Âge par l'Université. La scolastique a une grande importance de 1230, environ, jusqu'au début du XVIe siècle, où elle subit les contrecoups de la Réforme et de l'humanisme. Saint Thomas d'Aquin (1227–1274) en est le penseur le plus connu. L'enseignement de l'École, donné à partir des Écritures saintes et de la philosophie d'Aristote, est dogmatique*; Descartes s'y oppose souvent en mettant de l'avant sa méthode, où l'individu pense par lui-même plutôt que d'adopter des connaissances toutes faites.

SENS *Voir* Bon sens.

SOPHISTE Chez les Grecs, maître de réthorique et de philosophie qui va de ville en ville pour enseigner l'art de parler en public, les moyens de l'emporter sur son adversaire dans une discussion, de défendre par des raisonnements subtils ou captieux n'importe quelle thèse.

STOÏCIEN Philosophe, disciple de Zénon, qui professe le stoïcisme. *Voir* Stoïcisme.

STOÏCISME Courant philosophique fondé par Zénon (335–264) qui a une grande influence jusqu'au IIe siècle après Jésus-Christ. Par la suite, on en retient surtout l'aspect moral; pour les philosophes stoïciens, l'être

---

10. René Descartes, *Discours de la méthode*, paragr. 1.
11. René Descartes, *Épître dédicatoire à la Princesse Élisabeth, Les principes de la philosophie* in *Œuvres et lettres*, notes d'André Bridoux, p. 554.

humain doit suivre sa nature et réfréner ses passions, puisque sa nature est raison. Le bonheur est dans la vertu et il doit rester indifférent, insensible à ce qui peut l'éloigner de cette vertu. (32)

SUBSTANCE Ce qui a sa propre existence en soi et ne dépend de rien d'autre; réalité permanente qui sert de support aux qualités changeantes. Par la démarche du *cogito**, Descartes en arrive à établir la réalité de trois types de substances:

> «La substance, dans laquelle réside immédiatement la pensée*, est ici appelée Esprit. [...]

> «La substance, qui est le sujet immédiat de l'extension* et des accidents* qui présupposent l'extension, comme de la figure, de la situation, du mouvement local, etc., s'appelle Corps. [...]

> «La substance que nous entendons être souverainement parfaite, et dans laquelle nous ne concevons rien qui enferme quelque défaut, ou limitation de perfection, s'appelle Dieu[12].» (37)

VÉRITÉ En logique, une proposition est vraie si elle n'implique pas de contradiction et est possible et pensable. Chez Descartes, « les choses que nous concevons fort clairement et fort distinctement sont toutes vraies[13]». Ainsi, clarté, distinction et évidence sont des critères de vérité. (36, 38, 43, 58)

VRAI *Voir* Vérité.

---

12. René Descartes, *Méditations métaphysiques; réponses de l'auteur aux secondes objections* in *Œuvres et lettres*, notes d'André Bridoux, p. 391.

13. René Descartes, *Discours de la méthode*, paragr. 38.